大学生职业生涯规划项目式教程

主　编　刘幼昕

副主编　管　军
陈吉胜
吴小兰

山东大学出版社
SHANDONG UNIVERSITY PRESS
·济南·

图书在版编目(CIP)数据

大学生职业生涯规划项目式教程 / 刘幼昕主编. —
济南 ：山东大学出版社，2023.11(2026.2 重印)
ISBN 978-7-5607-8063-4

Ⅰ. ①大… Ⅱ. ①刘… Ⅲ. ①大学生—职业选择—教
材 Ⅳ. ①G647.38

中国国家版本馆 CIP 数据核字(2023)第 254304 号

策划编辑 刘 彤
责任编辑 董 戈
封面设计 黄燕美

大学生职业生涯规划项目式教程
DAXUESHENG ZHIYE SHENGYA GUIHUA XIANGMUSHI JIAOCHENG

出版发行 山东大学出版社
社　　址 山东省济南市山大南路 20 号
邮政编码 250100
发行热线 (0531)88363008
经　　销 新华书店
印　　刷 河北龙大印务有限公司
规　　格 850 毫米×1168 毫米 1/16
　　　　 13.25 印张 246 千字
版　　次 2023 年 11 月第 1 版
印　　次 2026 年 2 月第 3 次印刷
定　　价 49.80 元

前言

Preface

党的二十大报告指出："实施就业优先战略。"从某种意义上来讲，选择职业就是选择一种生活方式，选择自己的未来。制订职业生涯规划是高校毕业生顺利就业和事业成功的起点，关系着毕业生的择业行为乃至一生的发展。

2023年9月，首届全国大学生职业规划大赛启动，这是加强高校职业生涯规划教育和就业指导、增强大学生职业生涯规划意识的重要举措。此次大赛以"筑梦青春志在四方，规划启航职引未来"为主题，旨在以赛促学，引导大学生树立正确的成才观、就业观和择业观，科学合理地规划学业与职业发展，提升就业竞争力；以赛促教，提高高校大学生职业生涯规划教育水平，做实做细毕业生就业指导服务；以赛促就，广泛发动行业、企业和高校参与赛事活动，推动人才供需有效对接，全力促进高校毕业生高质量充分就业。

为了帮助大学生科学备赛，更好地把握职业发展方向，厘清职业生涯规划的主要环节，正确掌握职业生涯规划的技巧与方法，本书采用项目式编写体例，从启航、觉察、探索、定位、规划、管理六个角度细化任务。

项目一是启航·认知生涯规划，学生可以通过两个任务（厘清概念与了解历程）初步把握职业生涯规划的内涵，了解学者对职业生涯规划的理论研究，探讨职业生涯规划理论模型的作用。

项目二是觉察·透视职业自我，学生可以通过四个任务（择己所爱、选己所适、发挥所长、固牢根基）学会如何正确、全面地探索自我、认识自我，更好地规划自己的未来。

项目三是探索·优化职业选择，学生可以通过三个任务（拓展空间、识别结构、剖析要点）认识职业世界，掌握职业分类的基本情况，了解专业与职业的关系，从而勾勒出符合自己的发展路线。

项目四是定位·做出职业决策，学生可以通过三个任务（审慎对待、反思习惯、强化练习）逐步形成科学决策的习惯。

项目五是规划·绘制发展蓝图，学生可以通过两个任务（确定方向、告别空想）学会制订规划，充分运用已掌握的方法与技巧制订专属于自己的发展路线。

项目六是管理·提升职业素养，学生可以通过三个任务（夯实基础、努力进阶、突破成长）全方位发展自我，提升职业能力，增强自身竞争力。

本书栏目丰富，注重实训，强调立德树人。“寄语”“情境导入”“案例阅读”栏目具有较强的思想性、方向性，以职业意识和职业精神培养为主线；“课前热身”“体验探究”“实训活动”栏目具有较强的实践性，以学以致用为目标，强化学生熟练运用所学知识的能力；“思维导图”“知识延伸”栏目提示重难点，拓宽学生视野。

本书由重庆城市管理职业学院刘幼昕任主编，重庆商务职业学院管军、重庆水利电力职业技术学院陈吉胜、重庆文化艺术职业学院吴小兰任副主编。重庆城市管理职业学院罗纪红，重庆建筑工程职业学院崔接友、江涛、庞玥、雷李梅，重庆商务职业学院刘娇，重庆文化艺术职业学院吴倩、张玲，重庆城市职业学院陈丁铫参加编写。

在编写本书的过程中，编者参阅了一些著作和同类教材，在此谨对相关文献的作者表示衷心的感谢。

由于编者水平有限，书中难免存在不足之处，敬请广大读者批评指正，以便再版时修订。

编　者

2023 年 9 月

目录

Contents

项目一 启航·认知生涯规划

寄语

《礼记·中庸》说：『凡事预则立，不预则废。』人在一生中，无论做什么事情，科学预判、谋定后动都是成功的首要因素，也是成功的重要基石。预见和远见是每个人都应拥有的能力。职业生涯要规划，更要经营，人生只有经过深思熟虑和精心谋划，才能有的放矢，事半功倍。

思维导图

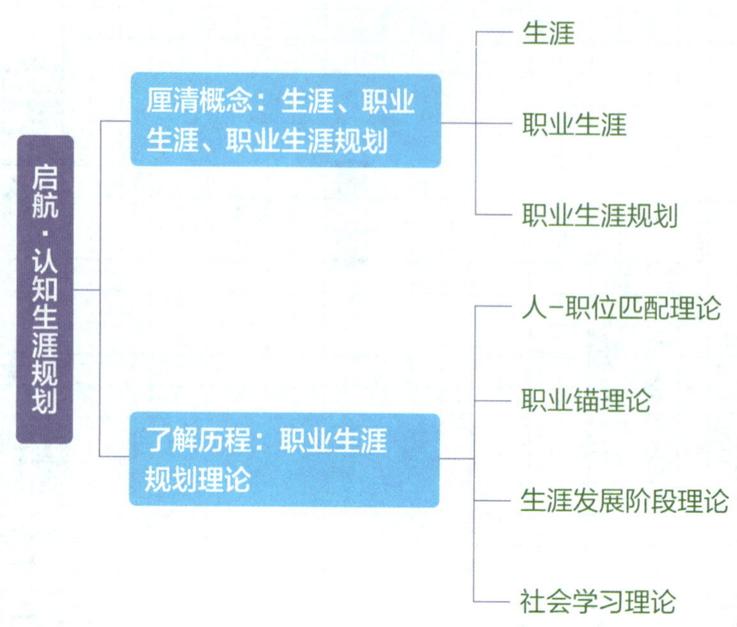

课前热身

每一个汉字都有丰富的文化内涵。请查阅相关书籍或者借助互联网资源，对“生”“涯”“职”“业”四个字做溯源探究，在表1-1中补充这四个字的最早字形及字义。

表1-1 “生”“涯”“职”“业”的溯源探究

	“生”	“涯”	“职”	“业”
最早字形	（甲骨文）			
本义	草木破土萌发			
引申义	出生、生长、生命			

任务一

厘清概念：生涯、职业生涯、职业生涯规划

学习目标

- 了解生涯的含义、特点
- 了解职业生涯的含义和类型
- 正确认识职业生涯成功的标准
- 了解职业生涯规划的含义、分类、要素及原则
- 掌握职业生涯规划的步骤
- 正确把握生涯、职业生涯、职业生涯规划的联系与区别

情境导入

机会留给有准备的人

初入大学，谢加孙就对自己的未来有了一个清晰的规划。他十分热爱自己所学的物流管理专业，他的职业目标是成为一名优秀的物流人。在校学习期间，他努力学习专业知识，积极参与学科竞赛，也不断在学生工作中锻炼自己的能力。在实习期间，他将每个物流项目都当作对实操、组织协调等综合能力的考核。无论是在办公室核对每个物流项目的信息，还是到仓库、码头等场所出外勤，他都会努力做好物流项目从立项到结项整个过程中的每项工作。最终，谢加孙凭借优异的学习成绩和丰富的社会实践经历顺利签约心仪的国际物流公司，从事航空零部件等重要物资的进出口贸易流通工作。

问题与思考：

（1）谢加孙能够成功的关键是什么？

（2）你对自己的未来有哪些美好的期盼？

（3）你为自己的理想做出过哪些实际行动？

大学生正处于职业探索期，知识储备是否充足、职业规划意识是否完善、职业定位是否准确、职业能力是否具备等极大地影响着大学生的职业选择及生涯发展。职业生涯规划不能简单地等同于职业选择，它是一个人对自己一生职业发展道路的设想和谋划，是对个人职业前途的瞻望，是实现职业理想的前提。

一、生涯

（一）生涯的含义

视频
生涯的意义

在《辞海》(第七版)中，生涯有三个释义，如图1–1所示。在我国，"生涯"一词最早出现于《庄子·养生主》："吾生也有涯，而知也无涯。""生"是指人生或生命，"涯"是指边际。通俗地讲，生涯是指生命从开始到结束的历程，也就是生活中人们常说的人生。

在西方，生涯（career）的本义是两轮马车，后被引申为道路，即人生的发展道路，也指人或事物所经历的成长途径，还指人一生中所扮演的系列角色。

无论是西方文化还是中国文化，对生涯的理解大体是相同的，即生命历程。生涯是生活中各种事件的演进历程，综合了人的一生中各种职业与生活的角色，因此能表现出每个人独特的自我发展形态。

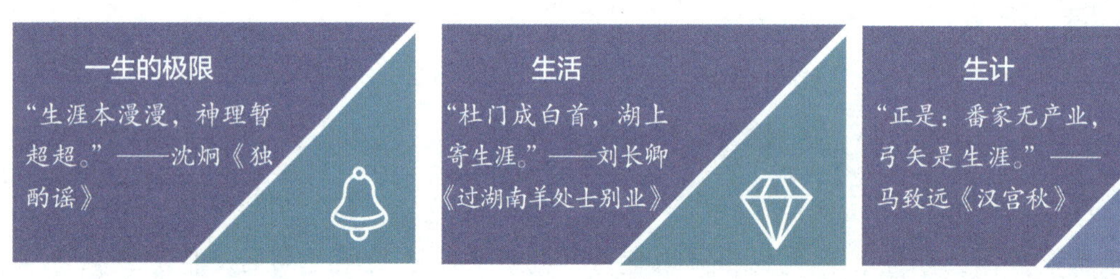

图1–1　生涯的释义

（二）生涯的特点

生涯具有丰富的内涵与范围，具有方向性、时间性、空间性、独特性、主动性等特点。

1. 方向性

生涯是人生中各种事情的连续演进方向，每个人的生涯发展都有方向可循。兴趣、能力、世界观、价值观等因素都影响着一个人的生涯方向，但最终决定生涯走向的是一个人的价值观。

2. 时间性

生涯是一个连续不断的发展过程。每个人当前的生涯状况都建立在先前生涯历程的基础之上，同时也影响着未来的生涯发展。

3. 空间性

生涯以每个人事业的角色为主轴，横跨生活的各个空间。每个人在社会中扮演的不同角色都会对生涯产生或大或小的影响。

4. 独特性

生涯的独特性是指每个人的生涯发展都是独一无二的。每个人在一生中都会遇到与别人不一样的事情，拥有与别人不一样的价值取向，做出与别人不一样的决策选择。

5. 主动性

生涯与一个人的主观能动性紧密相关。个人并非只能被动地受制于环境，而是能够主动地借助思考去改变环境、创造环境。

体验探究

进入大学意味着你开启了新的生涯征程，请在图 1-2 中写出你的“生涯启程宣言”，并邀请一个人做你的见证人，让他（她）在你以后的学习与实践中对你进行监督与鼓励。

宣　言

____

____

____

宣誓人：

见证人：

日期：

图 1-2　我的生涯启程宣言

二、职业生涯

（一）职业生涯的含义

视频
职业生涯、职业与工作的区别

职业处于一个人生涯的核心位置，对一个人的生存和发展起着关键作用。职业生涯研究初期，多数学者认为职业生涯专指个人生活中与工作相

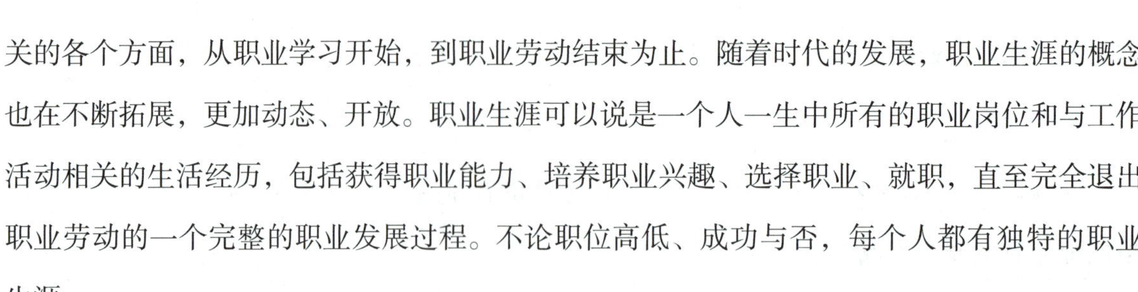

关的各个方面，从职业学习开始，到职业劳动结束为止。随着时代的发展，职业生涯的概念也在不断拓展，更加动态、开放。职业生涯可以说是一个人一生中所有的职业岗位和与工作活动相关的生活经历，包括获得职业能力、培养职业兴趣、选择职业、就职，直至完全退出职业劳动的一个完整的职业发展过程。不论职位高低、成功与否，每个人都有独特的职业生涯。

（二）职业生涯的类型

按照时代不同，职业生涯可以分为传统职业生涯和现代职业生涯；按照不同的发展方向，可以分为外职业生涯和内职业生涯。

1. 传统职业生涯和现代职业生涯

传统职业生涯的一个明显的特征是一个人在职业生涯期（包括从进入职场到退休）都处在同一个组织的边界内，受雇于同一组织。传统职业生涯表现出严格的等级晋升过程，职业生涯流动的模式基本上是个人在同一行业或职业中学习、成长，经过时间和经验的积累，呈现由一个阶段向另一个阶段直线型晋升的过程。员工与组织之间建立起一种忠诚的心理契约，员工以对组织的忠诚换取长期或终身的就业保障。组织对员工的技能要求只是具备单一的特殊技能，员工不需要面临激烈的就业竞争和频繁的工作变动。

现代职业生涯又被称为“无边界职业生涯”，是指拥有超越单个就业环境边界的一系列就业机会。无边界职业生涯的显著特点就是跨越了组织边界，员工的职业生涯不再局限在一个组织中，而是在两个或多个组织中完成；组织不再愿意也很难为员工提供终身或长期的就业保障；员工主动或被迫地频繁流动，使得传统的建立在忠诚观念基础上的心理契约逐渐被以就业能力为基础的心理契约取代。同时，传统的组织等级制度和晋升标准被打破，谁有学习能力、适应能力，谁就能处于职业生涯发展的主动地位。

2. 外职业生涯和内职业生涯

美国心理学教授埃德加·施恩（Edgar H. Schein）提出职业生涯包括外、内两部分，即职业生涯分为外职业生涯和内职业生涯。

视频
外职业生涯与内职业生涯的关系

外职业生涯是指经历一种职业的通路（由教育开始，经过工作期直到退休），是一个人从事职业时的工作单位、工作地点、工作内容、工作职务、工作环境及这些因素与职称、工资待遇等因素的匹配组合及其动态匹配变化过程。外职业生涯的构成因素通常是别人认可和给予的，但也容易被别人否认和收回。

内职业生涯是指一个人在工作中所具备的知识、观念、兴趣、心理素质、内心感受、经验、能力等因素的组合及其变化。内职业生涯强调职业者的主观感受，包括职业者对周围环境的认知评价及由此产生的态度。一旦取得内职业生涯的构成因素，别人便不能收回或剥夺。内职业生涯是真正的人力资本所在。

知识延伸

斜杠青年

“斜杠”一词来源于英文 slash，“斜杠青年”是指不再满足于“专一职业”的生活方式，而是选择拥有多重职业和身份的多元生活的人群，他们在不同的工作场景中自由切换角色。一项针对“斜杠青年”的调研结果显示，52% 左右的受访青年确认身边有“斜杠青年”，他们普遍秉持这样的想法：在开放的社会环境中，把爱好发展成技能，让自己今后有更多的选择。

（三）职业生涯成功的标准

在国外的研究中，职业生涯成功被界定为个人在工作经历中逐渐积累和获得的积极心理感受及与工作相关的成就，可分为客观职业生涯成功和主观职业生涯成功，具体如表 1–2 所示。客观职业生涯成功是指个体在职业生涯中获得的，由公正的第三方观察、衡量、证实的成果。主观职业生涯成功是指个体从自己认为的重要维度对自己职业生涯的理解和评估。

客观职业生涯成功与主观职业生涯成功是职业生涯成功的两个方面，只考察客观职业生涯成功或只考察主观职业生涯成功都是片面的，应从“主客观统一”的角度去评价职业生涯成功，兼顾主观、客观两个方面，两者缺一不可。

表1–2 职业生涯成功标准明细

标准	内容	优点	缺点
客观标准	从本质上讲，客观职业生涯成功集中体现在由社会认可的“较高的薪金和职位”上，其他指标可以随“薪金和职位”的获得而拥有	把可感知和可证实的“薪金和职位”作为成功的客观标准，使人们对职业生涯的成功有了可操作的评价依据，有助于人们明确职业追求的目标	片面地追求客观成功，往往会导致职业价值观的偏差及其他一系列不良后果；容易忽视职业生涯成功因个体、民族、社会、时代的不同而存在的差异性、多元性和层次性

续表

标　准	内　容	优　点	缺　点
主观标准	主观职业生涯成功不仅是一个社会的客观问题，还是一个人的主观问题，应当引入个人的自我实现和工作意义的成分，具体包含自我认同、工作满意和精神满足等主观成功的评价指标	弥补了以客观标准片面地衡量职业生涯成功的某些不足	主观上的工作满意和精神满足只是一种个人化的心理感受，职业满意度并不能真正反映主观成功的本质内涵

体验探究

职业生涯不是一个个分散的点，而是由许多点组成的一条生涯线。一个人要想在职场中获得长远的发展，既要关注眼前具体的点，又要把每个点“串”起来，让每一步成为下一步的跳板，为下一步的发展做好铺垫。请选择一个你崇拜的历史人物，借助互联网或图书馆资源，收集这个人物的传记资料，将他（她）的职业生涯历程填入图1-3。

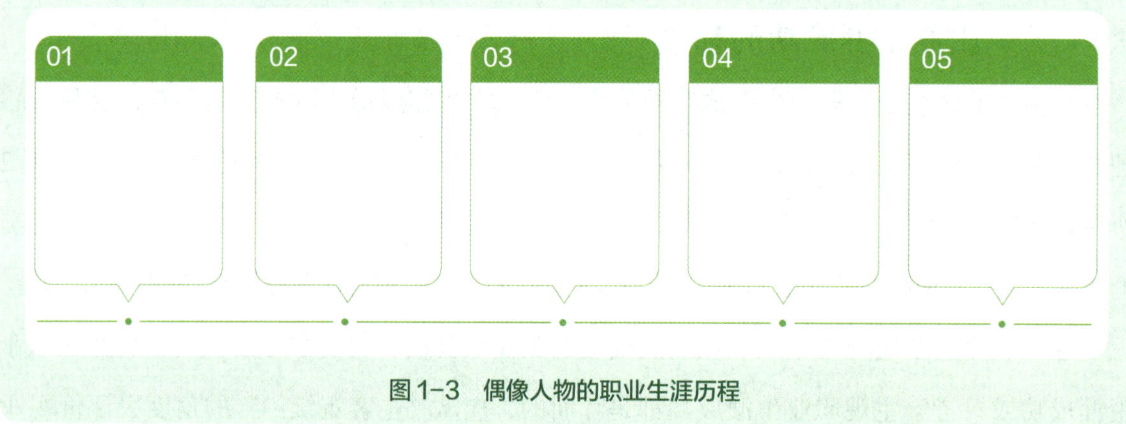

图1-3　偶像人物的职业生涯历程

（四）影响职业生涯发展的因素

影响一个人职业生涯发展的因素有很多，既有自身因素，也有职业、环境等因素。

1. 自身因素

（1）拥有健康的身体是个人职业生涯成功的首要条件。体质健康的身体对于每一种职业来说都是必不可少的。体质包括身体形态及其发育水平、生理机制、运动能力、适应能力、感知能力等。健康指身体健康、心理健康和良好的社会适应能力。

（2）现代社会生产方式的改变使得男女在职业分工上的差距逐步缩小，职业的性别色彩逐步被淡化，但是男女在生理特征、气质、社会对男女“社会角色”的期望等方面仍存在差异。这些差异使人们在职业选择和职业发展上存在一定的区别，职业分工仍然存在。

在职业选择和职业发展中，我们要充分考虑职业对性别的要求，选择从事那些能发挥自己特长的职业。

（3）受教育程度和水平直接影响一个人的职业选择的方向与成功率。教育对劳动者的知识结构、职业能力和职业价值观等都会产生重要的影响。良好的教育是个人事业成功不可缺少的因素，但不是唯一因素，职业生涯的发展还依赖较高的个人能力和综合素质。

（4）年龄与职业发展关系密切。在各类招聘的资格要求中，经常会出现关于年龄的要求。例如，在招聘营销代表、技术专员时，年龄往往要求在 30 岁以下。这是因为不同年龄段的人在生理、心理、工作状态、价值观念、适应变化的速度、思维模式、固有习惯、学习能力、生活压力、经验能力等诸多方面存在较大差异。职业机会会随着年龄的增长呈减少趋势，年龄的优势只体现在某个特定阶段。大学生应正视年龄因素对职业发展的影响，把握最佳年龄阶段发展自己的职业。

（5）心理是影响职业发展的重要因素，包括性格、气质、能力及能力倾向、价值观、态度以及是否喜欢与人打交道、与人合作等。不同性格、气质、能力的人适合从事的工作类型也不同。例如，多血质的人较适合从事管理、记者、外交等工作，不适合做过细的、单调的、机械性的工作。如果个人从事与自己个性特征不吻合的工作，就会觉得自己的活力被束缚，思想被禁锢。

（6）职业发展与个体自身的成长环境和家庭环境关系密切。首先，教育方式不同会导致孩子认知世界的方法不同；其次，父母是孩子最早观察模仿的对象，父母的职业技能必然会对孩子产生重大影响；最后，父母的价值观、态度、行为、人际关系等都会对孩子的职业选择产生直接或间接的影响，这也是艺术世家、教育世家、商贾世家等出现的主要原因。

知识延伸

“尼特族”

社会学者将一些不愿工作、沉溺于虚拟世界、长期在家“啃老”的青年称为“尼特族”，这是一个国际通用名称，是英文“NEETs”的音译。“尼特族”在自身发展的黄金时期主动放弃了适应社会、发展自身、全面发展的大好机遇。这虽然属于个人生活方式的一种选择权利，但无疑是对社会资源和人力资源的浪费。国际劳工组织发布的《世界就业和社会展望：2023 年趋势》显示，2022 年全球有超过五分之一的青年属于“尼特族”，美国的“归巢族”，法国的“袋鼠族”，中国的“啃老族”，在广义上都属于“尼特族”。这已成为困扰各国的全球性问题。

2. 职业因素

职业需求、职业声望、行业发展状况与发展前景等因素都会影响个人的职业行为及未来的职业发展道路，对这些职业因素进行认真分析、谨慎考虑有利于个体进行正确的职业选择和职业发展规划。

（1）职业需求是指在一定时间内各种不同职业对劳动者的需求量。职业需求可以鼓励和强化劳动者原有的职业倾向，抑制和打消劳动者不现实的设想，或者引导劳动者产生新的职业期望。一般来说，职业需求越大，职业种类越多，就业机会就越多。

（2）职业声望是在社会习俗、职业传统、社会舆论等因素的影响下，根据职业的社会功能、报酬、晋升机遇、工作条件及职业需求等情况对职业进行的排序。职业声望的高低对职业选择具有重要影响。

（3）要对行业发展状况进行分析，首先应了解自己想要从事行业的类别、特征和发展趋势。对行业发展前景进行预测要考虑两个方面，即行业自身的生命力和国家对该行业的政策。

3. 环境因素

社会环境对每个人的职业发展都有重大影响，任何个人的职业选择和职业发展都无法摆脱经济发展水平、社会文化环境、政治环境、社会价值观念等因素带来的影响。

（1）个体所处地区的经济发展水平会对其职业发展产生无形的影响。通常来说，在经济发展水平较高的地区，因为企事业单位相对集中，优秀企业较多，所以个人职业选择的机会较多，有利于个人的职业发展；而在经济较落后的地区，个人的职业发展会受到一定的限制。但是，任何事情都不是绝对的。事实表明，越是艰苦的地方，人才越少，个人发挥才干的空间越大，成功的概率也就越高。

（2）社会文化环境包括教育条件和水平、社会文化设施、社会文化氛围等。在良好的社会文化环境下，个体可以受到良好的教育，为以后的职业发展打下良好的基础；反之，则会给个体的职业发展造成障碍。

（3）政治环境对个体的职业发展有着重要影响。一方面，对某种职业的利好政策会引导个体选择从事该种职业，对个体职业发展产生推动作用；另一方面，政治环境还会影响经济体制，如企业的组织体制，进而对企业中个体的职业发展产生间接影响。

（4）任何人都无法摆脱社会价值观念的影响，大多数人的价值取向会受到社会主体价值观念的影响。从某种意义上讲，一个人思想发展、成熟的过程就是认可、接受社会价值观念的过程。社会价值观念一旦形成，会直接决定人们对某种职业的认识、接受和认可程度，人们会倾向于选择从事社会认可度高的职业，也会对其发展给予更多的关注和支持，从而影响某种职业的发展趋向。对大多数人而言，思想的发展、成熟是在职业发展的过程中完成的，所以社会价值观念必然会对个体的职业发展产生影响。

体验探究

三人一组，分工合作，组建调研小队。调研小队借助互联网或者图书馆资源，查阅当地经济发展情况，分析区域经济发展与职业生涯发展的关系，具体参考图 1-4。

图 1-4 区域经济发展与职业生涯发展

三、职业生涯规划

视频
职业生涯规划伴你同行

（一）职业生涯规划的含义

职业生涯规划又称为“职业生涯设计”，是指一个人对自己的职业生涯和人生发展进行的系统而持续的计划。一个完整的职业生涯规划由职业定位、目标设定和通道设计三个要素构成。具体来说，职业生涯规划是指一个人在测定、分析和总结自己职业生涯客观条件的基础上，综合分析与权衡自己的兴趣、能力、个性及态度等，结合时代的特点，根据自己的职业倾向，确定最佳职业定位和奋斗目标，并为实现这一目标而制订行之有效的计划。

职业生涯规划是给自己的未来绘制理想蓝图的过程，是职业探索与奋斗的过程，其目的是争取最大的收益，少走弯路，不走错路，避免走回头路，选择最佳路径实现职业理想，进而实现自我价值。

（二）职业生涯规划的分类

依照时间的不同，职业生涯规划可分为人生规划、长期规划、中期规划和短期规划（图 1-5）；依照处理职业问题时采用方法的不同，职业生涯规划可分为依赖型、直觉型和理性型（图 1-6）。

人生规划	长期规划	中期规划	短期规划
整个职业生涯的规划，时间长约 40 年，设定人生的发展目标	5 ～ 10 年的规划，设定较长远的目标	设定 2 ～ 5 年的目标与任务	2 年以内的规划，确定近期目标，规划近期完成的任务

图 1-5　职业生涯规划分类 1

依赖型	直觉型	理性型
依赖父母、朋友、老师或遵从书本与社会舆论	凭自己的直觉和一时好恶做决定	综合考虑个人和职场等因素，分析利弊得失，做出相应的计划

图 1-6　职业生涯规划分类 2

（三）职业生涯规划的五大要素

职业生涯规划的五大要素是知己、知彼、决策、目标和行动。知己就是了解自己的各个方面，包括兴趣爱好、能力、价值观、性格等。知彼就是探索外在的世界，包括行业与职业的特性、所需的能力、就业渠道、工作内容、工作发展前景、薪资待遇等。决策包括决策技巧、决策风格，以及决策可能面临的冲突、阻力、助力等。在决策之后首先是订立目标，然后是采取行动。上述五大要素缺一不可，环环相扣，是个人在制订职业生涯规划时必须考虑的关键要素。

（四）职业生涯规划的特点

1. 个性化

个性化是职业生涯规划最重要的特征，是由个人性格、价值观、思维方式、行为方式、对成功的评价等方面的差异性决定的。职业生涯规划不是别人强加在个人身上的实施方案，而是个人在内心动力的驱使下，结合社会和企业的发展，依据现实条件和机会制订的个性化发展方案。尽管家庭、企业、社会环境对个人职业生涯规划有着重要的影响，但个人发展的动力和源泉仍来源于自尊。

2. 开放性

职业生涯规划具有开放性。个人是制订和执行职业生涯规划的主体，但这并不意味着闭门造车、独自完成，也不意味着必须一次完成、终生不变。职业生涯规划的开放性要求个人要与外界尽可能多地交流信息，要与家人、老师、上级、下级、朋友、职业顾问等交换意见，广泛听取他们的建议，并充分利用测评工具测定自己的职业潜能。同时，职业生涯规划是使人全面发展的一种有效工具，而不是固定的行为模式，需要根据客观环境、自身条件的变化等及时进行调整。

3. 指导性

作为个人职业发展和行动的方案，职业生涯规划具有指导作用，其能够指导个人全方位地整合信息，以科学的态度进行职业生涯规划和职业选择，正确地选择自己的职业和发展道路；能够指导个人有效地解决思想上及行为上的问题，引导个人进行积极的职业准备，使大学生在未来的职业发展中有较强的目的性和计划性，在遇到困惑的时候不盲目、不慌乱。

知识延伸

主动还是被动

职业生涯规划是主动还是被动，对未来的职业发展有着不同的影响。主动的职业生涯规划以个人的发展需求与职业目标为出发点，有利于个人结合自身特点及发展需求全面融合多方发展资源，并对就业前的职业准备有通盘考虑。被动的职业生涯规划易“随大流”，一些人可能会被裹挟着向前，也可能在盲目中迷失自我。

（五）职业生涯规划的原则

1. 量化与清晰性原则

量化与清晰性原则是指职业生涯规划应当清晰明了，便于理解和使用。在此过程中，要明确职业生涯目标，保证职业生涯规划各个环节的划分与安排具有可执行性。制订职业生涯规划时，要根据自己的实际情况，一步步、一层层进行，不断积累，以求质的飞跃。

2. 激励性原则

激励，即激发和鼓励。激励性原则是指职业生涯规划要能最大限度地激发个体学习、工作的积极性，能对个体产生内在的激励作用，确保职业生涯目标符合个体的性格、兴趣与特长。

3. 挑战性原则

挑战性原则是指职业生涯规划要能挑战个体的潜能，完善个体的性格，突出个体的创新意识，挖掘个体的精神动力；要能激励个体敢于尝试，善于挑战，不断创新。

4. 可持续发展性原则

可持续发展性原则是指职业生涯规划要有连续性，要考虑职业生涯发展的整个过程，要能够将个人奋斗的热情与目标延续下去。

5. 动态性原则

动态性原则是指职业生涯规划目标或措施要富有弹性和缓冲性，个体要能够根据主客观因素的变化做出调整。根据系统原理可知，系统作为一个运动着的有机体，其稳定状态是相对的，运动状态是绝对的。系统不仅作为一个功能实体而存在，而且作为一种运动而存在。系统内部的联系就是一种运动，系统与环境的相互作用也是一种运动。从某种意义上看，一个人的职业生涯规划的稳定状态也是相对的，运动状态是绝对的。

6. 协作性原则

协作性原则是指在目标实施过程中，要保证主要目标与分目标一致，目标与措施一致，人格目标与组织目标一致，个人目标与他人目标具有合作协调性，等等。

7. 可评量原则

可评量原则是指职业生涯规划要有明确的时间限制或标准，以便评量、检查，使自己随时掌握执行状况，并为规划的修正提供参考依据。

体验探究

你对自己未来的人生有哪些畅想？在图 1-7 中按照从内向外的顺序，在第一圈写上自己的理想职业，在第二圈写下该职业要求个人具备的能力，在第三圈写下自己目前已经具备的能力，在第四圈写下该职业要求个人提升的能力，在第五圈写下自己提升能力的计划或方法。

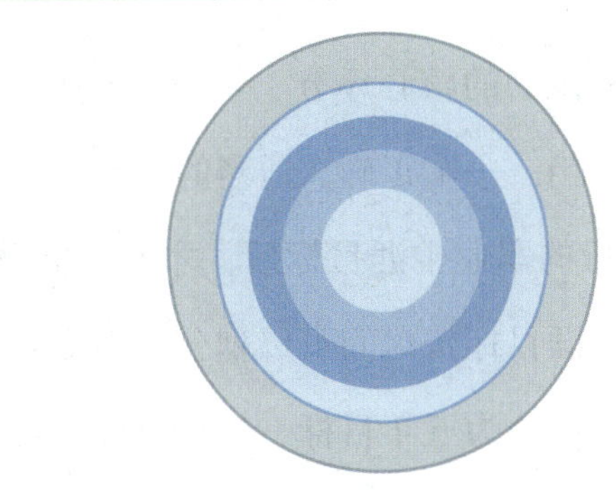

图 1-7　人生畅想罗盘

（六）职业生涯规划的步骤

职业生涯规划是一个长期、连续的过程，需要遵循一定的步骤。大学生一般可以按照自我评估、职业评估、确立职业生涯目标、制订行动计划、评估与修订等步骤进行职业生涯规划。

1. 自我评估

自我评估是指对自己进行全面的分析，以达到认识自己、了解自己的目的，如图 1-8 所示。只有对自己有一个全面、客观的认识，才能做出最正确的职业选择，才能选定适合自己的职业生涯路线。进行自我评估，主要是分析自己的兴趣、特长、性格、学识、能力等，认清自己的优势和不足。

我喜欢做什么

我适合做什么

我能做什么

我应该做什么

图 1-8　自我评估思考的问题

2. 职业评估

职业评估是对职业生涯机会的评估，是对内外环境进行分析并确定这些因素对自身职业生涯发展的影响。职业生涯机会评估包括两部分内容：一是了解环境，如经济形势、法律法规、社会价值观等；二是了解职业，如产业与行业的划分，热门行业、热门职位对人才素质与能力的要求等。大学生应在深入了解环境、行业和职业的需求情况的基础上选择可以终身从事的理想职业。

3. 确立职业生涯目标

确立职业生涯目标是职业生涯规划的核心环节。一个人事业的成功与否，很大程度上取决于职业生涯目标是否正确、适当。一个正确、适当的职业生涯目标能够帮助人们明确奋斗的方向。人们只有在确立可行的职业生涯目标后，才能积极排除不必要的干扰因素，保证职业生涯规划的实现。职业生涯目标按时间可以划分为短期目标、中期目标、长期目标和人生目标。其中，中期目标可以分为五年目标、三年目标，短期目标可以从一日、一周、一个月做起。

4. 制订行动计划

在确立了职业生涯目标之后，行动便成了关键的环节。没有行动，一切目标和理想都将成为泡影。行动是指落实目标的具体措施，主要包括工作、训练、教育、轮岗等方面的措施。例如，为达成目标，在工作方面，你计划采取什么措施提高工作效率；在业务素质方面，你计划学习哪些知识，掌握哪些技能以提高业务能力；在潜能开发方面，你计划做些什么。行动计划应该比较具体，以便定期检查。

5. 评估与修订

影响职业生涯规划的因素有很多，有的变化因素是可以预测的，而有的变化因素则难以预测。要使自己的职业生涯规划行之有效，则需要对职业生涯规划进行评估和修订。从这个意义上来看，反馈评估是一个再认识、再发现的过程。

体验探究

请结合对以上知识的学习，与同学组成讨论小组，参考图1-9，总结生涯、职业生涯和职业生涯规划的区别与联系。

	生涯	职业生涯	职业生涯规划
区别			
联系			

图1-9 生涯、职业生涯和职业生涯规划的区别与联系

案例阅读

走过至暗时刻，转换自己的“人生跑道”

郎佳子彧是“面人郎”第三代传人、春喜工作室创始人、北大“宝藏男孩”、《最强大脑》人气选手。他以家族“面人郎”传承的国家级非物质文化遗产手艺为业，在新媒体时代用自己的方式表现中华优秀传统文化。

2021 年春节后，他成立了以传承“面人郎”为业务的春喜工作室，之后他的两位同学加入。三个大男孩每天一边“玩”一边工作，在“玩”中想点子，在工作中享受“玩”的乐趣。他们既做着“面人郎”的传承工作，又做着新媒体工作。作为创始人，郎佳子彧既捏面人又录短视频（Vlog），频繁联系合作活动，开发文创产品。不到一年的时间，工作室就有不少收获。

工作室的初步成功与四年前的初出茅庐（刚大学毕业、面临未来的选择）完全是两种不同的境地。2017 年，他本科毕业，原本想着要么去当公务员，要么考本校国际关系学院的研究生，结果研究生没考上，公务员考试也被淘汰了。这段经历对他打击很大，因为他面临既没学上也没工作的境地。

郎佳子彧准备返回母校考研，但就在重新打开复习资料的一刻，他决定转换自己的“人生跑道”，做自己最感兴趣、最热爱的事情——捏面人。于是，他将研究目标转向中国传统工艺。他查阅了大量拥有传统工艺专业的学校，最终决定报考北京大学艺术学院。他终于想清楚了什么才是自己真正感兴趣的事。

确定目标后，他用三个月的时间学习了 7 本艺术类专业课程的教材，每天早上 7 点起床，夜里学到 1 点多，付出了超常的努力。起初他有点痛苦，美学、心理学的专业术语对他来说有些难，但后来，他越学越对这些知识感兴趣。功夫不负有心人，他成功考上了北京大学艺术学院的研究生。再后来，他得到了越来越多的支持，慢慢从低谷期走了出来，并不断认同自己。

实训活动

十年后的职场名片

情景预设

今天是你毕业十年后的一次同学聚会，班长负责此次活动。他建议每个人都精心设计一张自己的名片，便于同学之间进一步的沟通与交流。

任务安排

1. 名片设计

首先畅想十年后的自己，然后在下面空白处设计自己十年后的职场名片，名片上应包含姓名、工作单位、岗位、专业领域头衔和成就等内容。

2. 小组讨论

请你与同学交换设计好的名片，三人一组，围绕图 1-10 的相关问题展开讨论。

1 十年后你所从事的职业属于哪一类

2 哪些关键词可以用来描述十年后职场上的自己

3 为了成就十年后的自己，现在需要做哪些准备

图 1-10　小组讨论的问题 1

任务二

了解历程：职业生涯规划理论

学习目标

- 了解并理解人－职位匹配理论
- 掌握职业锚理论及其应用
- 了解生涯发展阶段理论的代表人物及其观点
- 了解社会学习理论

情境导入

逃避式考研

有这样一名考生，第一次考研时，他抱着试试看的心态，没太当回事；第二次考研时，他努力了一年，差一分进复试，不甘心就此止步；第三次考研时，他恰逢患病，发挥失常。之后他找工作没能找到合适的，继续备考。这从侧面反映出一些学生备战考研的纠结和不易。作为一个网络新词，“逃避式考研”是指学生因“逃避”进入社会而考研。对一些学生来说，比起考试，选择人生方向的难度更大，对“社会人生活”充满不安，倾向于选择更具确定性的考研。

问题与思考：

（1）“逃避式考研”产生的原因有哪些？

（2）你如何看待“逃避式考研”这一社会现象？

理论源自社会需求。每个人的职业生涯历程、成就、业绩等各有不同，每个人在不同的职业发展阶段所面临的问题与选择也各不相同。有关职业生涯规划的理论，比较有影响力的有以下四种。

一、人－职位匹配理论

人－职位匹配理论是现代人才测评的理论基础。人－职位匹配理论的基本原理是，不同个体有不同的个性特征，而每一种职业由于其工作性质、工作环境、工作条件、工作方式不同，对工作者的能力、知识、技能、性格、气质、心理素质等也有不同的要求，个体在进行职业决策时，应选择与自己的个性特征相适应的职业。

视频
帕森斯的特质因素论

（一）弗兰克·帕森斯的特质因素论

弗兰克·帕森斯（Frank Parsons）的特质因素理论是职业选择与职业指导最早的指导性理论。该理论认为，影响职业选择的三大要素是个人特质、外界条件和两者的平衡。这一理论具有很强的应用性，通过三个简单的步骤，帮助个人实现职业选择。人－职位匹配模型如图 1-11 所示。

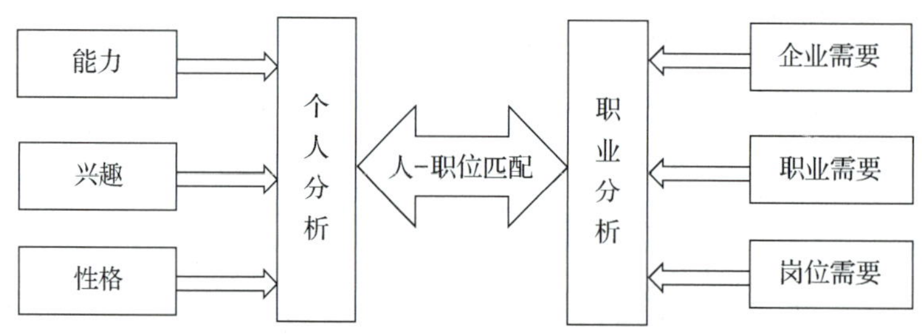

图 1-11　人－职位匹配模型

1. 个人分析

这一步主要评价自己的生理和心理特征。清楚地了解自己的能力、性格、气质和兴趣是人－职位匹配的前提和基础。求职者要广泛收集自己的身体状况、能力倾向、兴趣爱好、气质与性格以及家庭背景、学业成绩、工作经历等方面的情况，在择业时通过心理测量及其他测评手段对这些资料进行整合、分析，明确自身的生理和心理特点。

2. 职业分析

这一步主要评价各种职业对人的要求。掌握相关职业信息是人－职位匹配的必要条件。相关职业信息包括该职业的性质和对人的性格要求、学历要求、能力要求、心理特点要求等。此外，职业的薪酬福利、工作环境、为实现职业发展而设置的教育课程计划、提供这种课程的教育机构及求职者的学习年限、入学资格和费用等都是求职者在进行职业选择时应考虑的因素。

3. 人－职位匹配

这一步主要选择适合自己、有可能获得的职业。求职者在清楚地掌握了自己的生理和心理特点以及职业的各项指标之后，要对两者进行综合分析，通过因素匹配，选择既适合自身特点又有机会从事的职业。

弗兰克·帕森斯与《职业选择》

20 世纪初，美国波士顿大学教授弗兰克·帕森斯创办了职业指导局，标志着职业指导的正式诞生，弗兰克·帕森斯也被誉为“职业指导之父”。他去世后，他的职业辅导工作案例被结集成册，第一本关于职业辅导的著作《职业选择》出版。

《职业选择》第一次系统地阐述了科学的职业选择理论。其基本思想是，个体差异是普遍存在的，每个个体都有自己独特的人格特质。与之相对应，每一种职业也有自身独特的要求，一个人的能力、性格、气质和兴趣同所从事职业的工作性质和条件要求越接近，工作效率就越高，个人成功的可能性也越大；反之，工作效率越低，职业成功的可能性越小。每个人进行职业决策时，要根据自己的个性特征选择与之相对应的职业种类，进行合理的人－职位匹配。

（二）霍兰德职业兴趣理论

约翰·霍兰德（John Holland）是美国约翰斯·霍普金斯大学心理学教授、著名的职业指导专家。1969 年，他提出了具有广泛社会影响力的职业兴趣理论（又称“六边形理论”）。这一理论认为，人格是兴趣、价值、需求、技巧、信仰、态度和学习个性的综合体，人格类型与职业密切相关。就职业选择而言，兴趣是个体和职业匹配过程中非常重要的影响因素。约翰·霍兰德认为，职业兴趣可以影响个体对职业的满意度，当个体所从事的职业与其职业兴趣类型相匹配时，个体的潜在能力可以得到充分发挥，工作业绩也更加显著。

约翰·霍兰德把个人特质和适合这种特质的工作相联系，基于人们在选择职业时所展现的兴趣倾向，可将职业和兴趣分为现实型、研究型、艺术型、社会型、企业型和常规型六种类型（图 1–12）。职业兴趣倾向就是个人人格的反映，职业兴趣类型相同的人从事的职业也具有很高的相似性（表 1–3）。这六种类型不是并列的，也没有明晰的边界，而是呈现出三种关系：相邻关系（两种职业兴趣类型的共同点较多）、相隔关系（两种职业兴趣类型的共同点较少）、相对关系（两种职业兴趣类型的对立点多，共同点少）。

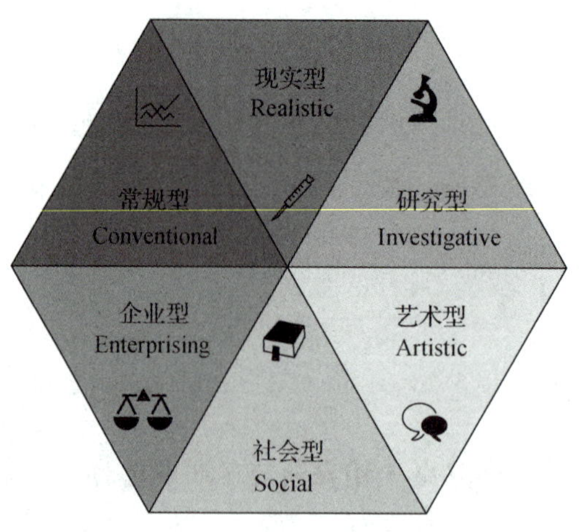

图 1-12　六种职业兴趣

表1-3　职业兴趣与职业选择

类　型	特　征	匹配的职业
现实型（R）	愿意使用工具从事操作性工作；动手能力强，手脚灵活，动作协调；不善言辞，不善交际	工程师，技术员，机械操作、维修、安装工人，矿工，木工，电工，鞋匠，一般翻译人员，司机，测绘员，描图员等
研究型（I）	抽象思维能力强，求知欲强，肯动脑，善思考；喜欢独立的和富有创造性的工作；知识渊博，有才华，不善于领导他人	自然科学和社会科学方面的研究人员、专家，化学、冶金、电子、计算机、无线电、飞机等方面的工程师、技术人员，飞机驾驶员，计算机程序员等
艺术型（A）	喜欢以各种艺术形式的创作来表现自己的才能，实现自身的价值；具有特殊艺术才能和个性；乐于创造新颖的、与众不同的艺术成果；渴望表现自己的个性	音乐、舞蹈、戏剧等方面的演员、教师，艺术编导，文学艺术评论员，广播节目主持人，编辑，记者，画家，书法家，摄影家，以及艺术、家具、时装、珠宝、房屋装饰等行业的设计师等
社会型（S）	喜欢为他人服务和教育他人；喜欢参与解决人们共同关心的社会问题；渴望发挥自己的社会作用，体现自身的社会价值；看重社会义务和社会道德	教师、保育师、行政人员、心理咨询师、医护人员、衣食住行服务行业的管理人员、服务人员等
企业型（E）	精力充沛、自信、善交际，具有领导才能；喜欢竞争，敢冒风险，处理事情稳重果断；喜爱指挥和领导他人	经理、企业家、政府官员、商人、领导者、管理者等

续表

类　型	特　征	匹配的职业
常规型（C）	喜欢按计划办事，习惯接受他人的指挥和领导，自己不谋求领导职务；不喜欢冒险和竞争；工作踏实，忠诚可靠，遵守纪律	会计、出纳、统计人员、秘书、文书、图书管理员、导游、外贸职员、保管员、邮递员、审计人员、人事职员等

约翰·霍兰德将这种理论应用于美国劳工部制定的职业条目词典，借助其中职业分析的有关内容，赋予 12099 种职业霍兰德人格类型代码，编纂了“霍兰德职业代码词典”，为各类人员按照自己的职业兴趣类型搜寻合适的职业提供了参考依据。借助霍兰德职业代码，个体能认清自己的职业性向和职业兴趣爱好，迅速地获得适宜的职业情境并尽自己最大的能力投入其中。

体验探究

下面左侧一列为党的二十大代表，右侧一列为这些代表所属的职业类型。请仔细思考后将人物与职业类型一一对应连线。

时 × 伟（天津市农科院农作物研究所研究员）	现实型
丁 × 燕（安徽省蚌埠市特殊教育中心教师）	研究型
葛 ×（中国邮政集团有限公司格尔木市分公司投递员）	艺术型
张 ×（四川省川剧院国家一级演员）	社会型
曹 × 如（四川成都红旗连锁股份有限公司董事长）	常规型
刘 × 鸣（中国一重集团有限公司高级技师）	企业型

（三）明尼苏达工作适应论

1964 年，美国学者戴维斯（Rene Dawis）与罗圭斯特（Lloyd Lofquist）等人公布了残障人士如何适应工作的研究成果。经过多年的发展，这一研究成果发展成为明尼苏达工作适应论。该理论强调人境符合，认为选择职业或生涯发展固然重要，但就业后的适应问题更值得注意。每个人都会努力寻求个人需求与环境之间的符合性，当工作环境既能满足个人的需求（内在满意）又能顺利完成工作上的要求（外在满意）时，个人与环境的匹配度就比较高。不过，个人与工作之间存在互动的关系，即个人的需求会变化，对工作的要求也会随时间或经济情势而调整。每个人都应该努力寻找其与工作环境间的一致性，个人工作

满意度越高，在这个工作领域越能持久进行。明尼苏达工作适应模型具体可参考图 1-13。

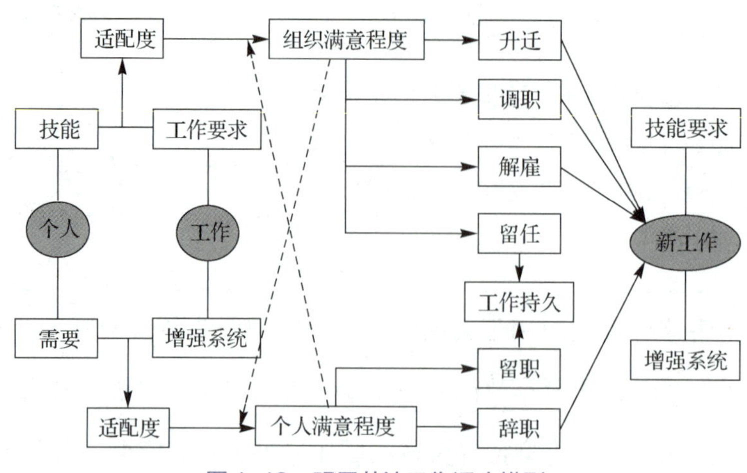

图 1-13　明尼苏达工作适应模型

明尼苏达工作适应论仍然属于特质论的范畴，但它打破了个人内心需求的局限，提出了“外在满意”的概念，将重点扩展到个人在工作情境中的适应问题，强调就业后个人需要的满足，同时考虑能否达成工作环境的要求。

二、职业锚理论

锚是固定、稳定船的工具，被抛下后，深深沉入海底，以稳住船，使船不容易漂走。职业锚是用锚的作用来形容个人在事业发展中的职业定位问题。美国麻省理工学院教授埃德加·施恩经过几十年的跟踪研究，创立了职业锚理论。

（一）职业锚的含义

施恩认为，个人在工作选择和发展过程中以获得的工作经验为基础，通过不断地自我审视，逐步明确自己的需要、价值观、特长及今后发展的重点等，就能确定自己长期稳定的职业定位。在施恩看来，一个人如果在他的职业生涯中能确定一件使其动机、能力、价值观统一起来的事情，并能深刻而清晰地回答三个问题（图 1-14），就能找到自己的职业锚。

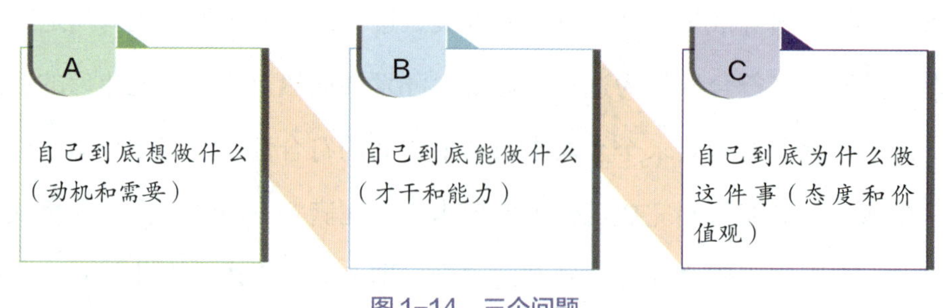

图 1-14　三个问题

知识延伸

探索自己职业锚的搭档

《职业锚：变革时代的职业定位与发展》认为，探索自己的职业锚，除了职业锚问卷测评与生涯规划师的专业指导之外，还需要一个搭档。挑选搭档时应遵循以下几个原则：最好不是上司、下属、竞争的同级；不一定要年龄相仿、负责相同的工作；需要聊得来，在一起感到舒服，可以自在地分享过去的事件和未来的抱负；最好了解你的教育和工作经历；不一定需要接受过类似培训。

（二）职业锚的类型及特点

职业锚是个人选择和发展自己的职业时所围绕的中心。一个人在对自己的动机、能力以及价值观有了清楚的了解后，就会意识到自己的职业锚到底是什么。根据施恩的观点，职业锚共分为八种类型，如表 1–4 所示。

表1–4　职业锚的类型及特点

类　型	特　点
技术 / 职能型	强调实际技术或功能等业务工作；拒绝一般管理工作，但愿意在其技术、功能领域管理他人
管理能力型	追求全面管理，肩负的责任越大越好；具有强烈的升迁动机，把提升等级和收入作为衡量成功的标准
自主 / 独立型	最大限度地摆脱组织束缚，追求能施展个人职业能力的工作环境；追求在工作中享有自由，有较强的职业认同感，把工作成果与自己的努力相联系；追求自由自在的工作方式、工作习惯和生活方式，追求能施展个人才华的环境
安全 / 稳定型	追求长期的职业稳定和工作的保障性；在行为上，倾向于根据组织对他们提出的要求行事，对组织具有较强的依赖性；个人职业生涯的开发与发展受到限制
创业型	有强烈的创造需求和欲望；意志坚定，喜欢建立或创造属于自己的事物，并愿意为之冒险
服务型	把服务他人、帮助他人作为自我价值的核心；在选择职业和工作时，把能够实现该价值作为首要标准
挑战型	喜欢挑战较高难度的任务，希望能战胜强硬的对手，克服难以克服的困难和障碍等；参加工作的最大动力就是战胜各种不可能、新奇、变化和困难
生活型	试图在工作和生活之间寻找平衡，认为个人的需要、家庭的需要和职业的需要都非常重要，甚至可以为了找到一个能够提供足够弹性空间的职业环境，牺牲职业的某些方面，如晋升等

一个人的职业锚要经过若干年的工作实践才能被发现。施恩认为，人们开始寻找职业锚的平均年龄是35岁，找到职业锚的平均年龄是40岁。个人的职业锚确定后，长期稳定的职业定位便会产生，个人事业发展的方向也逐步明朗。

职业锚已成为许多个人进行职业生涯规划的必选工具和企业进行人力资源管理的重要工具。个人在进行职业规划和定位时，可以运用职业锚思考自己具有的能力，确定自己的发展方向，审视自己的价值观是否与当前的工作相匹配。企业可以通过岗位人员轮换，了解员工的职业兴趣爱好、技能和价值观，将他们放到合适的职业轨道上，从而实现企业和个人发展的双赢。

视频
职业锚的运用

体验探究

进入大学后，你对未来有哪些思考？请参考表1-5，首先写出具体的内容，至少10个项目；然后，将这些项目进行分类，归入长期计划、学校生活、学习、生活习惯、家庭生活这五个领域中；最后，根据这些项目的必要性与紧迫性进行自我评定，每个项目满分为10分。

表1-5　大学生活目标

想做的事情、必须做的事情	领　域	得　分

三、生涯发展阶段理论

一个人的职业生涯是不断发展的，个性、体能、心理健康状况、人际关系、教育水平、机遇等诸多因素共同影响着个体的职业生涯展开方式。职业生涯发展阶段理论为个体的职业生涯发展提供了新的视角和思路。

（一）舒伯的生涯发展阶段理论

美国著名职业生涯规划家舒伯（Donald E. Super）集差异心理学、发展心理学、职业社会学以及人格发展理论之大成，经过长期研究，系统地提出了有关职业生涯发展的理论。1953 年，他根据自己的相关理论成果，将职业生涯发展划分为成长期、探索期、建立期、维持期和衰退期五个阶段，如图 1–15 所示。

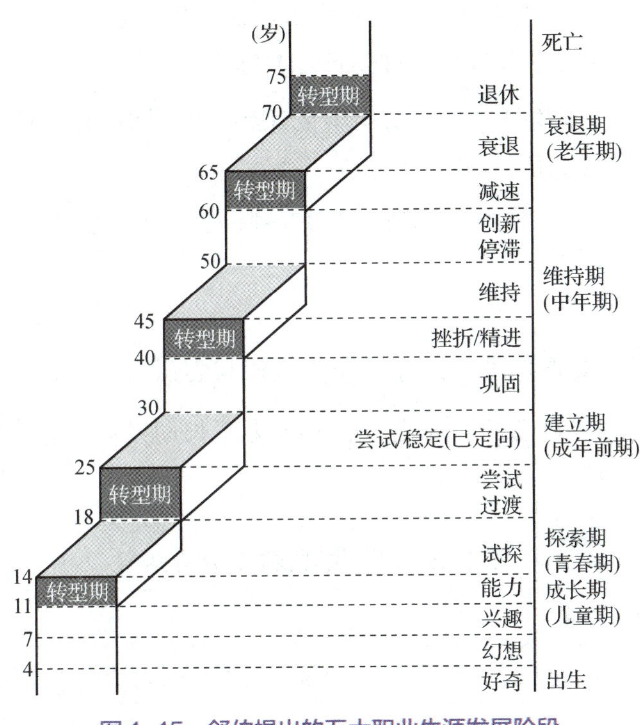

图 1–15　舒伯提出的五大职业生涯发展阶段

1. 成长期（0~14 岁）

成长期属于职业生涯认知阶段。个体开始发展自我概念，并经历了从对职业产生好奇、幻想到产生兴趣再到有意识地培养职业能力的逐步成长过程。舒伯将这一阶段分为三个时期，具体如表 1–6 所示。

表1–6　职业生涯发展的成长期

时　期	年　龄	特　点
幻想期	7 岁以前	个体把需要作为主要考虑因素，对觉得好玩和喜爱的职业充满幻想，并进行角色模仿
兴趣期	8~11 岁	个体以兴趣为中心来理解、评价职业，开始做职业选择
能力期	12~14 岁	个体开始以能力为主要因素来思考职业问题，开始考虑自身能力与喜欢的职业是否相符，并有意识地进行能力培养

2. 探索期（15~24 岁）

探索期属于学习打基础阶段。个体通过参加学校活动、兼职等进行职业探索，根据未来的职业选择做出相应的教育决策，进而完成择业及初步就业。舒伯将这一阶段也分为三个时期，具体如表 1–7 所示。

表1–7 职业生涯发展的探索期

时　　期	年　　龄	特　　点
试探期	15~18 岁	个体开始综合认识和评估自己的兴趣与能力、职业的社会价值、就业机会等，并对未来职业进行尝试性选择
过渡期	19~21 岁	个体正式进入就业市场或者接受职业培训，由一般性的职业选择转变为对特定目标的选择
尝试期	22~24 岁	个体选定工作领域，从事某种职业，对职业发展目标的可行性进行验证

3. 建立期（25~44 岁）

建立期属于选择、安置阶段。经过早期的试探与尝试后，不适合者会谋求职业变迁。在建立期，个体已经清楚自己的职业定位，并致力于长期发展。这一阶段包含三个时期，具体如表 1–8 所示。

表1–8 职业生涯发展的建立期

时　　期	年　　龄	特　　点
尝试 / 稳定期	25~30 岁	个体对已经选定的职业或目标进行反思，并逐渐趋于稳定
巩固期	31~40 岁	个体确定自己的职业目标，并努力去实现
挫折 / 精进期	41~44 岁	个体重新评价、不断改进自己的需求和目标，处于一个转折期

4. 维持期（45~64 岁）

维持期属于升迁和专精阶段。个体通过长期从事某一份工作，在该领域已占有一席之地。个体开始考虑如何维持已取得的成就和社会地位，并将职业生涯的重心放在维持家庭和工作之间的和谐关系、总结工作经验、寻找接班人等方面。

5. 衰退期（65 岁及以上）

衰退期属于退休阶段。个体的健康状况和工作能力开始衰退，并逐步结束职业生涯。在这一阶段，个体需要接受并适应退休后的生活。

“慢就业”现象

“慢就业”是指初次进入劳动力市场的青年人员就业过程缓慢，具体表现为找工作时间相对较长，或者以培训、社会实践等方式推迟就业，或者暂回家中等待就业。“慢就业”相对于传统的出校门进职场、毕业即就业的模式来说是一种重要的变化，有很深的经济社会根源。在一定意义上，大学生通过选择“慢就业”可以暂时停下脚步，思考人生道路，找准事业发展方向，在“慢”的过程中积攒、积累、提升，但“慢就业”绝不等于懒就业、不就业。

（二）格林豪斯的职业生涯发展理论

美国心理学家格林豪斯（Jeffrey Greenhause）主要从人生不同年龄段职业发展所面临的主要任务的角度对职业发展进行研究，并以此为依据将职业生涯发展划分为五个阶段。

1. 职业准备阶段

这一阶段的典型年龄段为 0~18 岁，主要任务是发展职业想象力，对职业进行评估和选择，接受必要的职业教育。

2. 进入组织阶段

这一阶段的典型年龄段为 19~25 岁，主要任务是在一个理想的组织中获取一份工作，然后在获取充足信息的基础上，尽量选择一份自己满意且比较适合自己的职业。

3. 职业生涯初期阶段

这一阶段的典型年龄段为 26~40 岁，主要任务是学习职业技术，提高工作能力，了解、学习组织纪律和规范，逐步适应工作，融入组织，为未来的职业成功做好准备。

4. 职业生涯中期阶段

这一阶段的典型年龄段为 41~55 岁，主要任务是重新评估早期职业发展历程，确认或修改职业目标，做出成年中期的合理选择，在工作中继续保持较强的工作能力。

5. 职业生涯后期阶段

这一阶段的典型年龄段为 56 岁直至退休，主要任务是继续保持已有的职业成就，维护尊严，准备引退。

格林豪斯的研究侧重于不同年龄阶段职业生涯所面临的主要任务，年龄是其划分职业生涯发展阶段的一个重要依据。这种划分比较笼统，不能细分职业生涯的阶段与各阶段的

职业生涯任务。

（三）利文森的成年人职业发展阶段理论

利文森（Daniel Levinson）是美国研究职业生涯的著名学者，重点研究成年人的职业发展。利文森将成年人职业生涯划分为六个阶段，即拔根期（16~22 岁）、成年期（23~29 岁）、过渡期（30~32 岁）、安定期（33~39 岁）、潜伏的中年危机期（40~43 岁）和成熟期（44~59 岁）。

拔根期的主要任务表现为：多数人离开父母，争取独立自主，力求寻找工作，实现经济上的自我支持。

成年期的主要任务表现为：寻找配偶，建立家庭，做好工作，搞好人际关系。

过渡期的主要任务表现为：因进展不易、忧虑较多，很多人尝试改变工作和单位，以求新的发展。

安定期的主要任务表现为：有抱负、希望成功的人将专心致志地投入工作中，以求有所创新，取得成就。

对大部分处于潜伏的中年危机期的人来说，工作变动性降低，很多年轻时的抱负没有完成，获得生涯进展和改变方向的机会已经不多。

成熟期的主要任务表现为：当对生涯中的重大问题感到满意时，往往会满足于现状，希望安定下来；仍有抱负，但抱负水平不及中年。

体验探究

根据舒伯的生涯发展阶段理论，大学生正处于生涯发展的探索期。请你结合图 1-16 中的问题，围绕大学期间的职业生涯规划进行自我反思与评价。

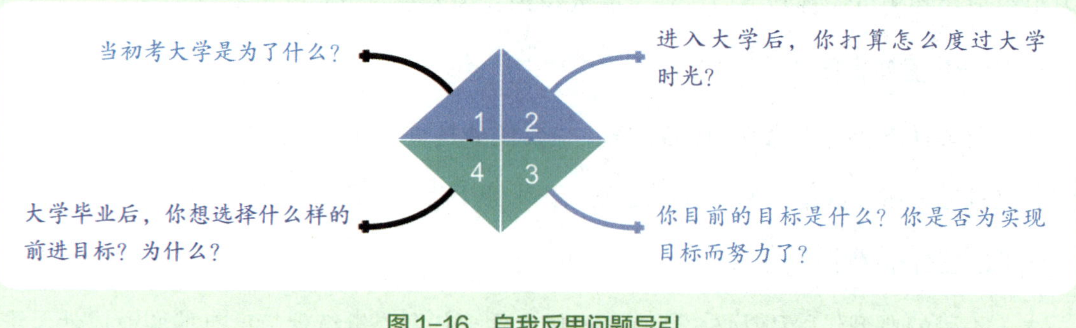

图 1-16 自我反思问题导引

四、社会学习理论

约翰·克朗伯兹（John Krumboltz）是美国斯坦福大学教育和心理学教授，他的社会学习理论强调个人的学习经验对人格的形成和行为方式的影响，较为全面地总结了影响职业决策的因素、职业决策的步骤及职业决策中的困难。

（一）影响职业决策的因素

克朗伯兹提出了影响职业决策的四因素论。他认为，有四种因素会影响个人的职业决策。

1. 遗传特征和特殊能力

遗传特征包括性别、外在的仪表特征、身体素质等，特殊能力包括职业偏好、智力、音乐能力、美术能力、动作协调能力等。

2. 环境条件与事件

在影响职业决策的因素中，有许多因素来自外部环境，非个人所能控制。这些外部环境包括社会、文化、政治、经济等活动，以及自然资源的分布、自然灾害等。

3. 学习经验

学习经验包括个体在行为、认知、学习及观察过程中获得的经验，它们对个人生涯路径的选择有着重要影响。

4. 任务取向技能

任务取向技能包括个体解决问题的能力、工作习惯、工作标准与价值、情绪反应、知觉和认知的历程等。

体验探究

请你围绕图 1-17 中的问题，以小组为单位进行讨论，深刻理解不确定性出现在职业发展中是不可避免的，并进一步挖掘如何在不确定性中尝试创造新事物。

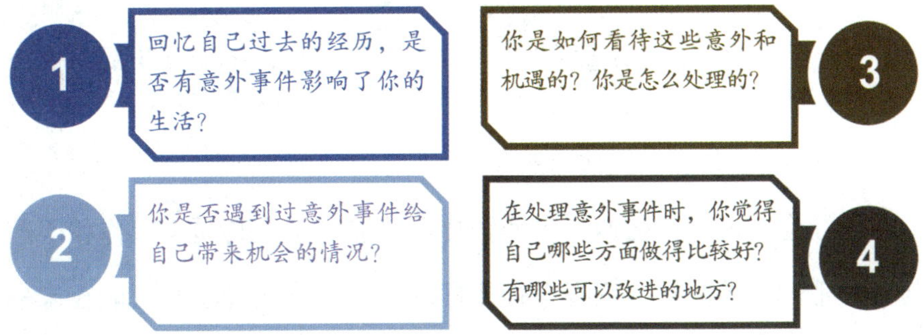

1 回忆自己过去的经历，是否有意外事件影响了你的生活？

2 你是否遇到过意外事件给自己带来机会的情况？

3 你是如何看待这些意外和机遇的？你是怎么处理的？

4 在处理意外事件时，你觉得自己哪些方面做得比较好？有哪些可以改进的地方？

图 1-17　小组讨论的问题 2

（二）职业决策的步骤

克朗伯兹提出并逐步建立起职业决策的完整模式。他将职业决策划分为七个步骤，具体如表 1–9 所示。

表1–9　职业决策的七个步骤

步　骤	内　容
第一步：界定问题	先认识自我并明确自己的需求，分析个人的优势与不足，再制订明确的目标和实现目标的时间表
第二步：拟订行动计划	在明确自身需求的基础上，思考并拟订行动计划
第三步：找到可能的选择	收集资料，列出可能实现目标的各种行动方案，拟订达成目标的方法和途径
第四步：明确价值取向	整理、厘清个人的选择标准，将自己的实际需要作为衡量方案的依据
第五步：评价各种可能的选择	依据自己的选择标准和评分标准，逐一评价各种可能的选择，找出可能的结果
第六步：系统地删除	有根据地删除不合适的方案，挑选最合适的方案
第七步：开始行动	开始执行行动方案并对自身进行经营和管理，以达成选定的目标

（三）个人职业决策中的困难

随着对社会学习理论的研究，克朗伯兹开始注意到，在进行职业决策的过程中，个人可能会面临诸多问题与困难，他将这些问题和困难总结为五种类型，如图 1–18 所示。他强调，人们在进行职业决策时，需要重视并努力克服这些困难。

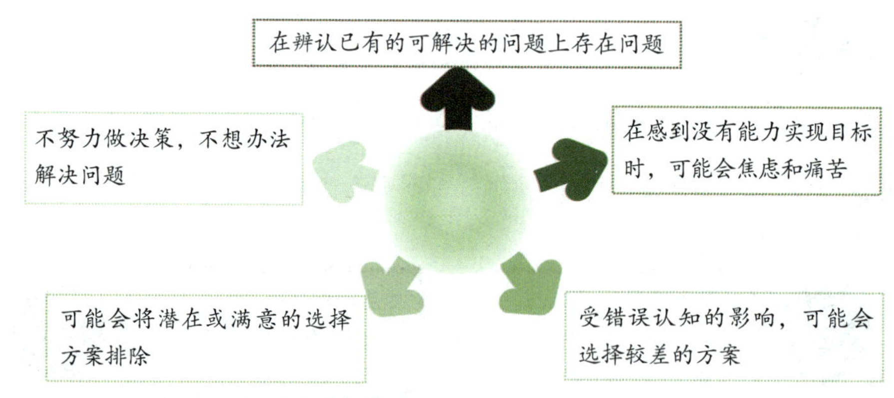

图 1–18　职业决策的五种困难

克朗伯兹的社会学习理论强调，生涯辅导不仅能将个人特质与工作相匹配，还能让个人通过参与各种不同性质的活动获得多种多样的经验。这些经验有可能在未来的工作中派上用场，用于拓展个人的兴趣，培养个人的信念和世界观。该理论从社会学习的角度解释了人类生涯的选择行为，弥补了其他职业生涯规划理论在这方面的不足，具有重要的指导意义。

案例阅读

找准人生最佳“赛道”

邓立华是某大学材料科学与工程学院热喷涂实验室2022届毕业生。从择业时的迷茫，到入职后职业梦想的坚定，他感慨万千。在他迷茫时，有一双双大手帮他打破信息壁垒、认清自我，找准人生的最佳“赛道”。

2021年秋季，邓立华加入了浩浩荡荡的就业大军，成为一名“准毕业生”。一开始，他只是想从事专业领域的研究，但择业和就业规划都非常模糊。很快，他就被线上线下数千家单位的海量招聘信息淹没，面对岗位薪资、工作职责、职业发展等信息不知所措。紧张、焦灼的情绪一下子笼罩了他。

幸运的是，学校就业创业服务中心以及学院辅导员及时为毕业生们开辟了一条条与企业沟通交流的渠道。学校先是尽可能地克服种种困难，为毕业生们举办线下宣讲会，让他们获得与用人单位面对面交流的机会；接着，通过就业信息网、微信公众号、QQ群、微信群等渠道将精心匹配后的信息及时推送给他们，使他们对择业方向更加清晰。学校还举办“毕业生事业起航周”、“校友茶话会”、求职加油站、模拟面试等指导活动，使毕业生们对不同行业有更深层次的了解。

邓立华充分利用这些资源，将“目标圈”逐渐缩小，最后将目标锁定在某国防重点研究院。从某种意义上讲，找工作也是一场“信息战”。毕业生一定要积极利用好学校、学院搭建的就业平台和提供的就业服务，充分了解市场和用人单位信息，结合兴趣和所学专业坚定就业方向，找准自己的人生“赛道”。

实训活动

进行职业锚问卷测试

职业锚问卷是测试个人职业锚的有效工具之一。请按照下列步骤寻找自己的职业锚。

1. 进行测试

表1-10中的40个问题描述都是与职业有关的。请根据自己的实际情况，从“1~6”中

选择一个数字，分别为这些问题描述打分，并将数字写在相应的位置。数字越大，表示该问题描述越符合自己的实际情况。

表1-10 职业锚测试问卷

问题描述	我的评分
（1）我希望做我擅长的工作，这样我的建议就可以不断地被采纳	
（2）当整合并管理其他人的工作时，我非常有成就感	
（3）我希望能用自己的方式按计划开展工作	
（4）对我而言，安定与稳定比自由与自主更重要	
（5）我一直在寻找创办自己事业（公司）的创意	
（6）我认为只有真正对社会做出贡献的职业才算是成功的职业	
（7）在工作中，我希望去解决那些有挑战性的问题，并且成功	
（8）我宁愿离开公司，也不愿从事需要个人和家庭做出一定牺牲的工作	
（9）我认为将自己的技术和专业水平提升到一个更具有竞争力的层次是取得职业成功的必要条件	
（10）我希望能够管理一家大型公司，这样我的决策将会影响许多人	
（11）如果职业允许我自由地决定工作内容、计划、过程等，我会非常满意	
（12）如果工作的结果使我丧失了自己在组织中的安全感、稳定感，那么我宁愿离开这个工作岗位	
（13）对我而言，创办自己的公司比在其他公司争取一个高层管理职位更有意义	
（14）我的职业满足感来自我可以用自己的才能去为他人提供服务	
（15）我认为职业成就感来自克服自己面临的非常有挑战性的困难	
（16）我希望我的职业能够兼顾个人、家庭和工作的需要	
（17）对我而言，在自己喜欢的专业领域内做资深专家比成为公司的总经理更有吸引力	
（18）我只有在成为公司的总经理后，才认为我的职业生涯是成功的	
（19）成功的职业应允许我有完全的自主权与自由	
（20）我愿意在有安全感与稳定感的公司工作	
（21）当通过自己的想法或努力完成工作时，我的工作成就感最强	

续表

问题描述	我的评分
(22)对我而言，利用自己的才能使这个世界变得更美好，比争取一个高层管理职位更重要	
(23)当解决了看上去不可能解决的问题或者在看似必输无疑的竞赛中胜出时，我会非常有成就感	
(24)我认为只有很好地平衡个人、家庭、职业三者的关系，生活才算是成功的	
(25)我宁愿离开公司也不愿频繁接受那些不属于我专业领域的工作	
(26)对我而言，做一个全面管理者比在喜欢的专业领域内做资深专家更有吸引力	
(27)对我而言，用自己的方式不受约束地完成工作，比获得安全感与稳定感更重要	
(28)只有当收入和工作有保障时，我才会对生活感到满意	
(29)在职业生涯中，我如果能成功地创造或实现完全属于自己的产品(点子)，会感到非常成功	
(30)我希望从事对人类和社会真正有贡献的工作	
(31)我希望工作中有很多的机会来提升解决问题的能力及竞争力	
(32)对我而言，能很好地平衡个人、家庭、工作的关系比获得一个高层管理职位更重要	
(33)我如果在工作中能经常用到自己独特的技巧和才能，会感到特别满意	
(34)我宁愿离开公司也不愿意接受让自己离开全面管理的工作	
(35)我宁愿离开公司也不愿意接受约束自己自由和自主权的工作	
(36)我希望有一份让自己有安全感和稳定感的工作	
(37)我梦想着创建属于自己的事业	
(38)如果工作限制了自己为他人提供帮助或服务，我宁愿离开公司	
(39)对我而言，去解决那些几乎无法解决的难题比获得一个高层管理职位更有意义	
(40)我一直在寻找一份能使个人和家庭之间的冲突最小化的工作	
总分:	

2. 计算得分

首先，从打分较高的描述中挑选出与自己日常想法最吻合的 3 个，将这 3 个描述的得分分别各加 4 分，再将自己的分数填入职业锚测试得分表中。表 1–11 中的每一列序号对应的问题描述都属于同一职业锚类型，将每一列的平均分计算出来，得分最高的就是自己的职业锚类型，最后扫描二维码查看结果分析。

表1–11　职业锚测试得分表

职能型		管理型		独立型		稳定型		创业型		服务型		挑战型		生活型	
题号	得分	题号	得分	题号	得分	题号	得分	题号	得分	题号	得分	题号	得分	题号	得分
(1)		(2)		(3)		(4)		(5)		(6)		(7)		(8)	
(9)		(10)		(11)		(12)		(13)		(14)		(15)		(16)	
(17)		(18)		(19)		(20)		(21)		(22)		(23)		(24)	
(25)		(26)		(27)		(28)		(29)		(30)		(31)		(32)	
(33)		(34)		(35)		(36)		(37)		(38)		(39)		(40)	

图文
职业锚问卷测试结果分析

项目二 觉察·透视职业自我

寄语

每一朵花的绽放必然要从种子开始，经过种植、生根、浇水、成长、开花的过程……一路顽强生长，经风雨洗礼，像极了人的一生。成长，就是自我欣赏，学会独立和坚强，学会珍惜时光。愿每个人都不负过往和将来，绽放成心中的自己。

思维导图

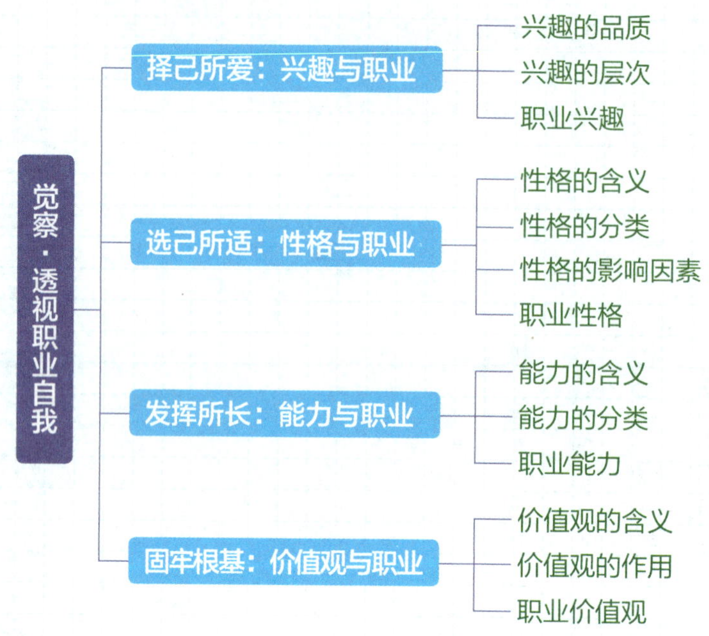

课前热身

客观全面地认识自我、合理地看待他人对自己的评价是形成正确自我认识的基础。教师组织学生开展寻人启事活动，学生完成活动并总结。寻人启事活动说明如表 2–1 所示。

表2–1　寻人启事活动说明

活动流程	活动执行
（1）准备物品	A4 白纸、铅笔、彩笔
（2）绘制作品	每人以图文结合的形式描绘一名熟悉的同学（仅限同班级），限时 5 分钟
（3）上交作品	完成作品后，将纸对折四次后交给教师
（4）猜猜看	教师随意抽取三张，大家一起猜猜纸上描绘的分别是谁（随机提问）
（5）揭晓答案	分别由创作者揭晓答案
（6）采访被描绘者	被描绘的同学说一说自己是否认同这件作品；如果不认同，请说一下自己的理由
活动总结	

任务一

择己所爱：兴趣与职业

学习目标

- 准确把握兴趣与职业兴趣的含义
- 了解兴趣的层次
- 掌握培养职业兴趣的方法

情境导入

用热爱排列梦想

受家庭传统刺绣氛围的熏陶，郭畅旭自幼就对传统手工艺有着浓厚的兴趣。13岁那年，郭畅旭在逛文化市场时接触到了麦秆画，小小的麦秆引起了郭畅旭浓厚的兴趣。没有人教授，他就自己捡麦子，努力回想麦秆画的样子摆弄；没有方法，他就四处寻访麦秆画行业人士。几年后，郭畅旭考上了大学，遇到了王艾青师傅。通过王艾青师傅，郭畅旭学到了新的手艺，对麦秆画有了更深刻的理解，也更加坚定了要将它学下去的信念。毕业后，他用自己最热爱的麦秆画创业，将麦秆画印到各种陶器上，突破传统做出了形状各异的麦秆画；他将现代数字技术与传统技艺相结合，将麦秆画程式化，成功量产。他的创业公司让这一古老的工艺有了更持久的生命力，带动了创新创业，也让周围的农民实现了增收。

问题与思考：

（1）郭畅旭创业成功的关键因素是什么？

（2）你最大的兴趣是什么？你为此做过哪些努力？

兴趣是人们对事物喜好或关切的情绪，是个人力求认识、掌握某种事物并经常参与该种活动的积极心理倾向。有了兴趣，大学生在探索中就会充满激情并乐此不疲；有了兴趣，

大学生在探索中就会用尽全力克服困难。在兴趣的滋养下，大学生不仅能收获某种专长，还能坚定对专长终生不渝的追求。

一、兴趣的品质

视频
兴趣的种类

兴趣的品质是指人在认识事物的过程中形成和表现出来的稳定的心理特征，表现为广阔性、中心性、稳定性和效能性等。

兴趣的广阔性是就兴趣范围大小而言的。有的人样样都乐于探求，有的人兴趣比较单一。一般来说，兴趣广泛有利于人们获得较广博的知识。

兴趣的中心性是指兴趣的深度。人不可能对所有的事物都抱有浓厚的兴趣，而只是对某些方面特别感兴趣。因此，个人只有将广泛的兴趣与中心兴趣相结合，才能发展得更好；相反，什么都知道，又什么也不深入，浅尝辄止，博而不专，很难有大发展。

兴趣的稳定性是指兴趣的持久性与稳固程度。人与人之间的差异很大，有的人能对他们从事的工作或研究的问题保持长期的浓厚兴趣，无论在工作中遇到什么困难都能克服，因此，在事业上较易取得成功。

兴趣的效能性是指兴趣对活动产生的效果。凡是能促使人们积极主动地学习和工作并能产生明显效果的都是积极的、有效能的兴趣。

体验探究

兴趣是一种内在的动力因素，是一种积极的情绪表现。请以小组为单位，围绕图2-1中的问题展开讨论，厘清兴趣的含义，树立正确的兴趣探索意识。

凡是能深深吸引我们，让我们感到开心、快乐甚至忘记时间的事情，都是兴趣吗？

玩游戏、沉迷漫画或网络小说算不算兴趣呢？

图 2-1　小组讨论的问题

二、兴趣的层次

根据发展程度的不同，一般可以将兴趣划分为三个层次——感官兴趣、自觉兴趣和志趣，如图 2–2 所示。

感官兴趣是通过感官刺激产生的兴趣，如爱吃美食、爱看电影等。外界刺激决定感官兴趣的长度和强度，也就是说，感官兴趣容易受到外界因素的刺激而发生改变，具有不稳定性。

自觉兴趣是情绪和认知共同参与的兴趣，如爱写作、爱运动等。当一个人的感觉、思维等认知因素共同介入时，兴趣会更加持久和专注，并产生积极的情绪和响应能力，积极的情绪和响应能力又会增加兴趣的强度。

志趣是兴趣的最高层次，人们通过不断地自我修炼将兴趣赋予使命感，如致力于非遗文化传承。有了志向的介入，兴趣就成了一种矢志不渝的人生追求。

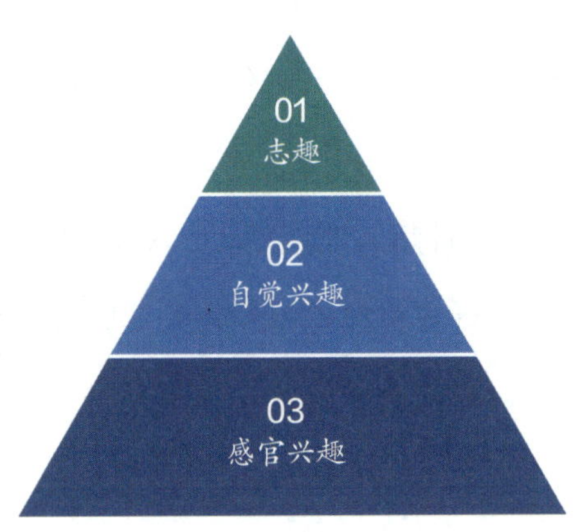

图 2–2 兴趣的三个层次

体验探究

表 2–2 是每个人的任务单，请先在任务单上写出 5 个自己坚持得最久的兴趣，再从班级中寻找与自己有相同兴趣的同学，收集他们的签名，并写出这些兴趣的层次。

表2–2 寻找兴趣伙伴任务单

个人兴趣	同学签名	兴趣的层次
兴趣一：		
兴趣二：		
兴趣三：		
兴趣四：		
兴趣五：		

三、职业兴趣

职业兴趣是兴趣在职业方面的表现，是职业选择的重要依据。一般来说，一个人如果能够从事自己感兴趣的职业，就能够快速适应变化的职场环境，就更有机会取得成功。

（一）职业兴趣的含义

职业兴趣是指人们对某种职业活动具有的比较稳定而持久的心理倾向，是一个人职业生涯路上最稳定的动力。职业兴趣常常表现为一种自发的、长期的、不求回报的投入，并且个体在投入过程中能够感受到乐趣和满足。

每个人的兴趣爱好不同，职业兴趣也有很大的差异，具有一定兴趣爱好的个体会更倾向于寻找与此有关的职业。例如，有人喜欢具体的工作，会倾向于室内装饰、园林设计等职业；有人喜欢抽象和有创造性的工作，会选择新产品开发、社会调查等职业。

视频
职业兴趣

职业兴趣的形成与个体的成长环境、实践活动、对自身能力的认识等方面都有着密切的关系。例如，当计算机技术得到较大发展时，对相关职业有兴趣的人也增加得很快，这是由现实需求和历史发展阶段决定的。

体验探究

一个人的幸福感往往源于做自己喜欢做的事。当一个人专心致志地从事某种活动而忽略了时间和空间的时候便会体会到幸福感和愉悦。请回想一下令你感到最幸福、最愉快的经历，参考图2-3写一写。之后，将自己的幸福经历分享给他人，并说一说这个（些）经历为什么会让你感到幸福。

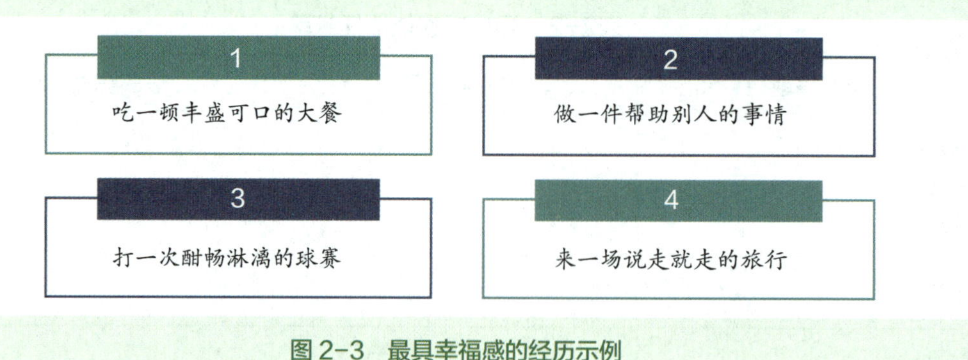

图2-3　最具幸福感的经历示例

（二）职业兴趣的培养

职业兴趣一旦形成，就能在个人的职业生涯中起到一定的稳定性作用。不过，根据实际需要，个体还可以通过多种途径和自己的努力去规划、改变、发展和培养职业兴趣。

1. 注重培养间接兴趣

个人在最初接触某种职业时，往往对职业本身缺乏强烈的兴趣，需要从间接兴趣着手培养职业兴趣。例如，可以通过了解职业对社会的意义、对人类活动的贡献等引发兴趣，通过了解某项职业的发展机会引发兴趣，通过实践逐步提高间接兴趣，等等。

2. 深入实践，培养中心兴趣

个人只有通过实践活动才能认识社会，了解社会职业。实践活动不能仅限于参观访问等“走马观花”的形式，还要注重参与性，参与职业活动的全过程，全面了解该职业活动中的人际关系、人与物之间的关系及该职业对社会产生的影响等。

3. 提升能力

对某项职业有浓厚的兴趣是成功的前提，但事业要取得成功还必须具备该职业所要求的能力。因此，个人在培养职业兴趣的同时，还要客观评价自己的能力，看自己是否适合某种职业。只有在能力的基础上形成的职业兴趣才是长久的。

4. 拓宽兴趣范围

具有广泛职业兴趣的人不仅对自己的职业领域有浓厚的兴趣，对其他方面也有一定的兴趣。这类人眼界比较开阔，解决问题时可以从多方面得到启发，在职业选择、变动上所受的限制较少。兴趣范围狭窄、涉足面小的人对新事物的适应性就要差一些，在职业选择上所受的限制也多些。

5. 保持职业兴趣的稳定

个人只有在某一方面保持稳定的兴趣，投入更多的热情和精力，深入钻研相关内容，才能有所发展。行业性的沙龙、校园的社团都为志趣相投的人共同学习创造了很好的条件，一个人即便对某种活动兴致盎然，途中也会有停摆的时候，此时志同道合的朋友可以激励自己继续坚持。

6. 保持职业兴趣与现实一致

兴趣的培养不能为追求清高而不考虑外界的客观现实条件，否则只会是曲高和寡、画地为牢、自缚身手。

（三）职业兴趣问卷测验

职业兴趣问卷测验主要通过一系列问题或问卷，了解个体在不同职业领域或活动上的兴趣程度和偏好，从而帮助个体了解自身职业倾向和适合的职业领域。职业兴趣问卷的历史可以追溯到1915年，当时迈纳（James Miner）开发了一个关于兴趣的问卷，这标志着兴趣测验系统研究的开始。

目前，职业兴趣问卷被广泛应用于职业规划（帮助个体更准确地理解自己的职业倾向和适合的职业领域），教育指导（根据学生的职业兴趣制订个性化的教育方案，提高教育质量），团队建设（了解团队成员的职业兴趣，优化团队配置，提高团队协作效率），招聘选拔（为企业提供更加科学、精准的人才评估和发展建议）等多个领域。

案例阅读

将兴趣发展成职业

朱晓琳是京东大鼓第四代传承人，她的老家天津宝坻是京东大鼓的发源地。受传统民间曲艺环境的熏陶，朱晓琳从小就喜欢上了京东大鼓，不过她的系统学习是从高中开始并坚持下来的。

高中毕业后，朱晓琳正式开启了拜师学艺之路。在朱晓琳看来，京东大鼓能带给人一种审美愉悦，令人身心舒畅。其所传递出的淳朴的民间信仰是对中华优秀传统文化的生动演绎。

朱晓琳不满足于传统的传承，她一直努力尝试对传统曲艺进行创新。例如，与朋友合作创作动画片尾曲，与朋友一起做融合曲艺元素的现代音乐。借助京东大鼓，朱晓琳结交了许多年轻的曲艺爱好者，他们富有活力、想法独特，吸收、借鉴了众多艺术手法，不断创新，推动传统曲艺之路越走越宽。

和朱晓琳一样，陈钰也义无反顾地投身非遗传承。京韵大鼓在北方鼓曲艺术中具有较为突出的代表性。陈钰是骆派京韵大鼓第三代嫡传弟子。他从小就喜欢曲艺，遇到喜欢的曲目就跟着唱，但许多基础知识是不知道的。上大学期间，他拜京韵大鼓代表性传承人刘春爱先生为师，正式开启了京韵大鼓的学习之旅。

京韵大鼓已经成为陈钰日常生活的一部分，他积极投身曲艺艺术的普及，将曲艺艺术中的一些行话翻译成普通人听得懂的语言，将传统曲艺艺术碎片化的内容进行系统化、理论化的梳理，将曲目改编或创作成年轻人喜欢的作品，以便于推广。他的目标就是通过自己的专业所长，借助新媒体的力量，将京韵大鼓传承下去。

开展职业兴趣测验

请根据自己的真实情况对表 2–3 中的问题描述进行评价，符合实际情况打“√”，否则打“×”。

表2–3　职业兴趣测试

问题描述	评价结果
（1）强壮而敏捷的身体对我很重要	
（2）了解事情的真相对我来说很重要	
（3）我的心情会被音乐、色彩、事物影响	
（4）人际关系对我来说很重要也很有意义	
（5）我相信一定会成功	
（6）我做事需要有清楚的指引	
（7）我擅长制作与修理东西	
（8）我会花很长的时间去想通事情的道理	
（9）环境对我来说比较重要	
（10）我愿意花时间帮别人解决个人危机	
（11）我喜欢竞争	
（12）我在开始一个计划前会花很多时间去思考	
（13）我很容易结识同性朋友	
（14）我喜欢在做事情前做出细致的安排	
（15）和不熟悉的人交谈对我来说毫不困难	
（16）我认为能把自己的焦虑和别人分担是很重要的	
（17）成为群体中的关键任务执行者对我很重要	

续表

问题描述	评价结果
（18）我对于自己能重视工作中的所有细节感到骄傲	
（19）我不在乎工作时把手弄脏	
（20）在生活中我会不断地去学习	
（21）我喜欢非正式的穿着，尝试新颜色和新款式	
（22）和别人谈判时，我总是很容易放弃自己的观点	
（23）我喜欢帮助别人不断进步	
（24）我在决策时通常不愿冒险	
（25）我喜欢亲自动手制作一些东西并从中得到乐趣	
（26）我有时会长时间阅读或冥想生命的本质	
（27）我有很强的想象力	
（28）我喜欢帮助别人发挥天赋和才能	
（29）我喜欢监督事情直至完工	
（30）面对一个新情景，我会在事前做充分的准备	
（31）我喜欢独立完成一项任务	
（32）我喜欢阅读自然科学方面的书籍和杂志	
（33）我喜欢尝试新的概念	
（34）我如果和别人产生摩擦，会不断尝试化干戈为玉帛	
（35）我喜欢不时地夸耀一下自己取得的好成绩	
（36）我愿意为重大决策负责	
（37）我喜欢直言不讳，不喜欢转弯抹角	
（38）我在解决问题前必须对问题进行彻底分析	
（39）我小时候经常把玩具拆开，把里面看个究竟	
（40）我经常通过和别人交谈来解决自己的问题	
（41）我常想起草一个计划，而由别人完成细节	
（42）准时对我来说非常重要	
（43）从事户外活动令我神清气爽	

续表

问题描述	评价结果
（44）遇到难解答的问题时，我常常放弃	
（45）我喜欢能够抒发自己情绪的工作	
（46）我喜欢帮助别人	
（47）能够参与重大决策是一件令人兴奋的事情	
（48）我经常保持清洁，喜欢有条不紊	
（49）我喜欢简单而实际的周边环境	
（50）我会不断地思考一个问题，直到找出答案为止	
（51）我总是主动地向别人提出自己的建议	
（52）亲密的人际关系对我很重要	
（53）升迁和进步对我极重要	
（54）当把每日工作计划好时，我会较有安全感	
（55）我总能清楚地知道工作的重点	
（56）我喜欢阅读书籍	
（57）我希望能看到艺术表演、戏剧及优质电影	
（58）我对别人的情绪低潮相当敏感	
（59）能影响别人使我感到兴奋	
（60）我答应一件事后会竭尽全力去完成	
（61）有些人太霸道，我明知道他是对的也要和他对着干	
（62）我希望能学习所有自己感兴趣的科目	
（63）我希望能做些与众不同的事	
（64）我对别人的困难乐于伸出援手	
（65）我愿意冒一点险以求进步	
（66）我遵循成规时感到安全	
（67）我选车时，最先注意的是好的引擎	
（68）我喜欢能刺激自己思考的话语	
（69）如果能掌握一门手艺并以此为生，我会感到非常满意	

续表

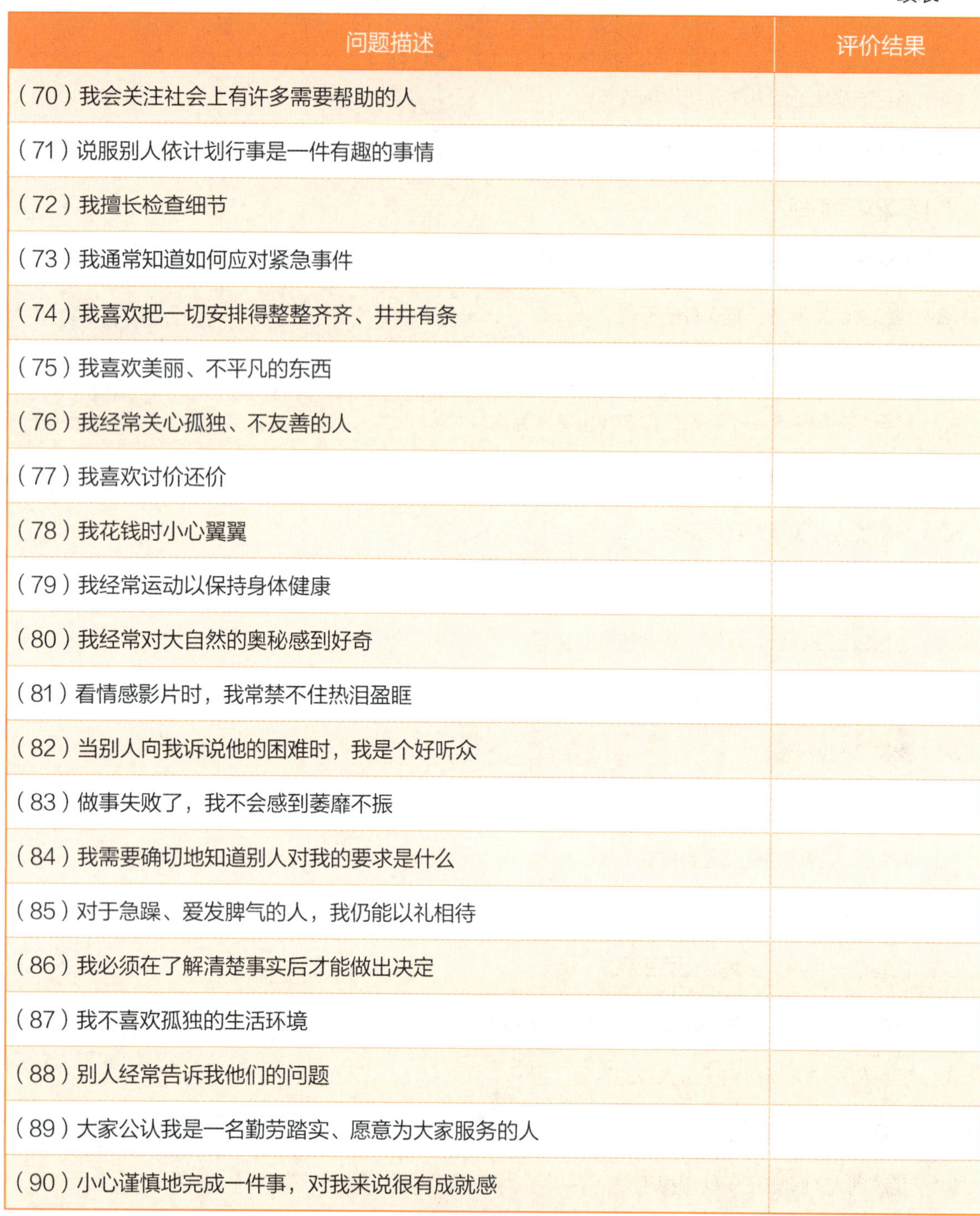

问题描述	评价结果
（70）我会关注社会上有许多需要帮助的人	
（71）说服别人依计划行事是一件有趣的事情	
（72）我擅长检查细节	
（73）我通常知道如何应对紧急事件	
（74）我喜欢把一切安排得整整齐齐、井井有条	
（75）我喜欢美丽、不平凡的东西	
（76）我经常关心孤独、不友善的人	
（77）我喜欢讨价还价	
（78）我花钱时小心翼翼	
（79）我经常运动以保持身体健康	
（80）我经常对大自然的奥秘感到好奇	
（81）看情感影片时，我常禁不住热泪盈眶	
（82）当别人向我诉说他的困难时，我是个好听众	
（83）做事失败了，我不会感到萎靡不振	
（84）我需要确切地知道别人对我的要求是什么	
（85）对于急躁、爱发脾气的人，我仍能以礼相待	
（86）我必须在了解清楚事实后才能做出决定	
（87）我不喜欢孤独的生活环境	
（88）别人经常告诉我他们的问题	
（89）大家公认我是一名勤劳踏实、愿意为大家服务的人	
（90）小心谨慎地完成一件事，对我来说很有成就感	

表 2–4 中的数字代表试题的编号。请统计每种类型打“√”的数目，并填在下面横线处。

表2–4　试题编号及对应职业兴趣类型

类　型	试题编号														
现实型	（1）	（7）	（13）	（19）	（25）	（31）	（37）	（43）	（49）	（55）	（61）	（67）	（73）	（79）	（85）
研究型	（2）	（8）	（14）	（20）	（26）	（32）	（38）	（44）	（50）	（56）	（62）	（68）	（74）	（80）	（86）

续表

类　型	试题编号														
艺术型	(3)	(9)	(15)	(21)	(27)	(33)	(39)	(45)	(51)	(57)	(63)	(69)	(75)	(81)	(87)
社会型	(4)	(10)	(16)	(22)	(28)	(34)	(40)	(46)	(52)	(58)	(64)	(70)	(76)	(82)	(88)
企业型	(5)	(11)	(17)	(23)	(29)	(35)	(41)	(47)	(53)	(59)	(65)	(71)	(77)	(83)	(89)
常规型	(6)	(12)	(18)	(24)	(30)	(36)	(42)	(48)	(54)	(60)	(66)	(72)	(78)	(84)	(90)

现实型__________　　研究型__________

艺术型__________　　社会型__________

企业型__________　　常规型__________

将上述分数从高到低依次排好并填在下面，然后将分值最高的前三位与项目一中的表 1-3 对照，探索自己的职业兴趣。

第一位__________　　第二位__________

第三位__________　　第四位__________

第五位__________　　第六位__________

任务二

选己所适：性格与职业

学习目标

- 了解性格的含义与分类
- 掌握性格的影响因素
- 了解职业性格
- 掌握 MBTI 的使用方法

情境导入

A 型和 B 型性格

美国心脏病学专家弗里德曼（Meyer Friedman）与行为医学家罗森曼(Ray Rosenman)将人的性格分为A、B两种类型。他们认为，A型性格的人做事匆忙，一件事没有完成，又去做另一件事；竞争心强，不怕困难，勇于进取；说话快速有力；容易激动、发怒、急躁，疏于休息和照顾自己。B型性格的人做事慢条斯理、不慌不忙；不与人争抢，但会给自己留出休闲的时间，讲求劳逸结合，善于自我调节。

问题与思考：

（1）你是否认同这种性格分类方法？

（2）对于这两种性格，你偏向于哪一种？

（3）性格对职业生涯发展有哪些影响？请举例说明。

正如世界上没有完全相同的两片叶子，世界上也没有性格、工作和未来发展之路完全相同的两个人。不同性格的人适合不同的职业，不同的职业对性格要求也不同。选择一份适合自己性格的工作，不但能把个人潜能发挥到极致，而且也更容易让人产生幸福感。

一、性格的含义

视频
大五人格

心理学家对不同个体在面对同一问题时所表现出的行为特点进行了梳理，将其中比较稳定的行为表征称为性格。性格是指个人对客观现实的稳定的态度和与之相适应的习惯化的行为方式。它是一种个体内部的行为倾向，是个人特有的，可以对个人外显的行为、态度提供统一、内在的解释。例如，有的人总是热情周到，有的人总是沉默寡言。性格的形成是一个长期、复杂的过程，既受遗传因素的影响，又受个人生活环境和生活经历的影响。

性格不是偶然形成的。如果一个人在工作和聚会中都能保持开朗大方、活力四射的状态，那么这个人的性格就是活泼的，即使有一天他因有心事而沉默寡言，也不能因此断定他的性格就是沉默寡言，因为这只是一个偶然的情形。人的性格具有矛盾性和复杂性，很难用一个简单的词语来描述。个体只有深刻剖析自己的内心世界，把与自己性格相关的各种表现联系起来加以考查，才能从本质上把握自己的性格。

体验探究

表 2-5 中有一些描述性格特质的词语，请用红笔圈出 3~5 个你认为最符合自己的词语，若表中没有合适的词语，可以在空白处自行补充。之后，将圈（补充）好的表格传递给他人（自由选择合作对象），他人需要用蓝笔将符合你性格特质的词语圈出来（也可自行补充词语）。最后，查看圈画结果，并思考相关问题。

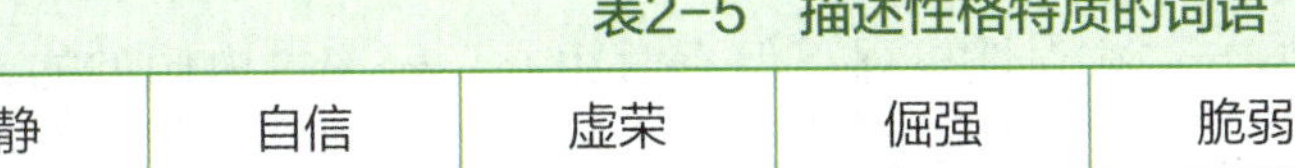

表2-5　描述性格特质的词语

安静	自信	虚荣	倔强	脆弱	寡言	俭朴
保守	执着	武断	害羞	粗心	勇敢	勤劳
暴躁	阳光	拖延	憨厚	正直	友善	乐观
成熟	坚毅	任性	孤僻	真诚	幽默	敏感
补充词语						

问题思考

（1）红色和蓝色是否圈出了相同的词语？

（2）在他人对你的性格评价中，哪些是你意想不到的？你有什么感受？

（3）从表 2-5 中，你能归纳出自己的性格优势吗？

二、性格的分类

心理学研究者很早就发现，虽然个体的性格各不相同，但一些人身上总会呈现出一定的相似性格特点。据此，心理学研究者将个体的性格按照不同的标准进行了分类。

（一）依据知、情、意在性格中的表现程度划分

依据知、情、意在性格中的表现程度，性格可分为理智型、情绪型和意志型三种。理智型的人以理智支配自己的行动。情绪型的人情绪体验深刻，举止容易受情绪左右。意志型的人具有较明确的目标，行为主动。

（二）依据个体的心理倾向划分

依据个体的心理倾向，性格可分为外倾型和内倾型两种。外倾型的人活泼开朗，善于交际，感情易外露，处事不拘小节，独立性较强，但有时粗心、轻率。内倾型的人感情含蓄，处事谨慎，自制力强，交往面窄，适应环境比较困难。

（三）依据个体独立性的程度划分

依据个体独立性的程度，性格可分为独立型和顺从型两种。独立型的人不易受外来事物的干扰，具有坚定的信念，能独立地判断事物，善于发现问题和解决问题，在紧急和困难的情况下不慌张，易于发挥自己的力量，但有时会把自己的意志强加于人，固执己见，不易接受他人的意见。顺从型的人随和、谦虚，易与人合作，但独立性较差，易受暗示，容易接受别人的意见，在紧急情况下易惊慌失措。

研究者对性格的分类不限于以上几种，这里不再一一列举。研究者对性格进行的分类具有一定的参考价值，但在实际生活中，人们的性格很难被明确划分为某一个类型。性格是在社会生活实践中逐渐形成的，一经形成便比较稳定。性格具有稳定性并不意味着每个人的性格是一成不变的，它有相对稳定的部分，也有自由的、可以由个体塑造的部分。寻找性格与职业的最佳契合点是大学生探索性格过程中的重要目标。

在职业生涯规划过程中，大学生理解、透视性格有利于进一步了解自己的思考方式和行为倾向，更好地接纳自己、发展自己；有利于更好地了解人与人之间的性格差异，在团队合作方面提出改进措施；有利于了解自己在职业选择和适应方面的倾向性，合理地做出职业决策，谋划职业发展。

体验探究

《西游记》是一部古典文学名著。请回忆或重温该著作，想一想当唐僧被妖怪抓走时孙悟空、猪八戒和沙僧的反应。从他们的反应中，你能归纳出他们的性格吗？将你的思考写在图 2-4 中。

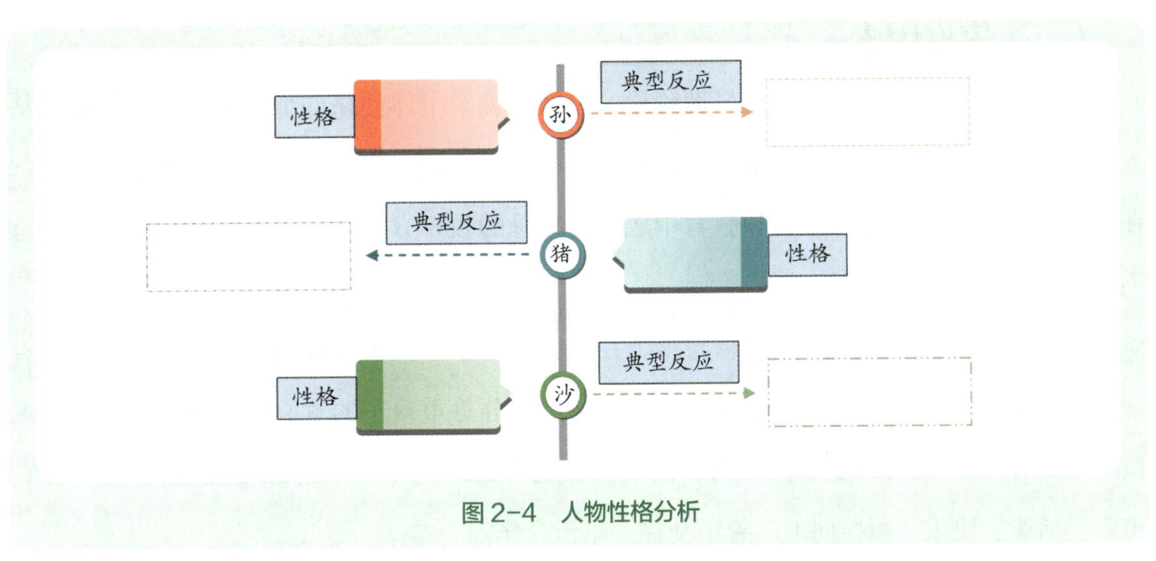

图 2-4　人物性格分析

三、性格的影响因素

每个人的性格都是独一无二的，性格在无形中支配着人的行为，使人有了不同的发展方向。性格受先天因素和后天因素的双重影响并逐步走向完善与成熟。

（一）生物遗传因素

不同的新生儿会呈现迥然不同的性格特点，有的安静，有的吵闹，有的嗜睡，有的缺乏耐心，有的喜欢动个不停……这说明每个人的性格生来就有差异。

生物遗传因素是性格形成和发展的必要条件，影响着一个人性格的发展方向与发展程度。人的大脑是性格发展变化过程中主要的物质基础。生理学家巴甫洛夫（Ivan Petrovich Pavlov）通过实验揭示了大脑神经系统的类型，认为大脑影响一个人气质、性格和能力的形成。研究表明，一个人如果大脑受伤，可能会导致性格和行为发生改变。

个体的相貌、身高、体型等遗传特征会因社会文化的评价、自我意识等诸多因素影响个体的自信心、自尊等。此外，生理成熟的早晚也会影响性格，生理成熟早的个体喜爱社交，责任感较强。性别差异对个体性格的影响也有显著作用，主要表现在社会职业分工方面，如需要细心与耐心的工作多要求是女性。

知识延伸

C 型性格

在心理学上，学者将爱生闷气的性格称作“C 型性格”（也称“癌症性格”）。C 型性格的人内分泌系统易紊乱，器官功能活动易失调。随着机体免疫功能的下降，免疫系统识别和消灭癌细胞的监视功能会大打折扣，容易患上癌症。

（二）家庭因素

研究者认为，在个体发展的早期阶段，家庭环境对个体性格的形成起着主导作用。从人的发展过程看，出生至六岁是个体性格形成的主要阶段。在这个阶段，绝大多数儿童都在家庭中成长，在父母的抚养和教育中成长。父母的教育方式不同，儿童就会呈现出完全不同的性格特征。

在民主型的教育方式下，父母与孩子在家庭中处于一种平等和谐的氛围中，孩子拥有一定的自主权，能够得到父母积极的指导。父母充分尊重孩子的意愿，严格要求但不苛求孩子，对孩子有极大的爱心但不盲目溺爱。在这样的环境中长大的孩子往往独立、自信、坦率、活泼、快乐、积极向上、善于交往、乐于合作。

在专制型的教育方式下，父母控制孩子的一切，孩子只能按照父母的意愿去生活，父母常常忽视孩子的兴趣和要求，对孩子抱有过高的期望。他们对孩子要求过分严厉，缺乏宽容和理解。在这种压抑的气氛中长大的孩子往往懦弱、胆小、自卑、自责、消极被动、依赖服从、过分追求完美，甚至粗暴、执拗、不诚实。

除了父母的教养方式，家庭成员间的相互关系，特别是父母之间的关系也会对儿童性格的形成和发展产生重要影响。家庭成员关系和睦、互相尊重、互相理解，会对个体性格的形成和发展具有积极的影响；相反，家庭成员之间互相猜疑、争吵，关系出现隔阂、破裂，会对个体性格的形成和发展产生消极的影响。

（三）社会文化因素

每个人都生活在一定的社会文化环境中，其性格的形成与发展不可避免地受社会文化因素的影响。社会文化因素对性格的影响因文化的差异而有所不同，强调集体观念的社会文化比强调个人观念的社会文化对个体性格的影响要大。个体行为的社会意义越大，社会文化对其控制力也会越强；相反，对于社会意义不大的行为，社会文化允许其有较大的自由。

四、职业性格

每种职业性格都有自己的优势，都有与之相适应的学习、生活和工作的方式。在适合自己职业性格的领域里工作，更能发挥自己的优势和价值。

（一）职业性格的含义

职业性格是指个体在长期稳定的职业生活中所形成的、与职业相联系的稳定的心理特征，是个体在职业学习和活动中逐渐形成的。例如，对医生而言，他们每天都可能面临生死攸关的急救任务，所以形成了遇事沉着冷静、理智、一丝不苟、踏实认真、严格遵守职业技术规范等职业性格。一个人的性格不太可能百分之百地适合某项职业，但个体可以根据自己的职业方向来培养、发展相应的职业性格，这需要个体具备认真的态度，掌握正确的方法。

体验探究

结合平时积累的知识，与同学一起讨论图2-5中的职业对从业者的性格有哪些要求。

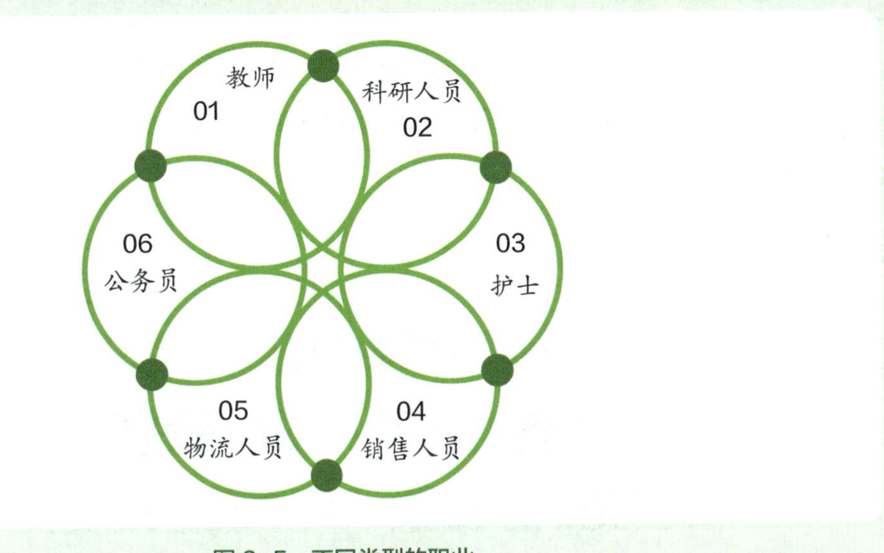

图2-5 不同类型的职业

（二）常见的职业性格测验方法

职业性格的测试方法主要包括迈尔斯－布里格斯人格类型测验（Myers–Briggs type indicator，MBTI）、卡特尔十六种人格因素测验、DiSC性格测试、九型人格等。这些测试方法各有侧重，但共同目的是通过了解个体的性格特征，预测个体将来的工作绩效，帮助个人选择适合的职业或提高工作效率。这里介绍迈尔斯－布里格斯人格类型测验。

在众多人格类型测验标准中，MBTI因高效、实用而广受欢迎。

MBTI是性格测验的一种工具。其依赖的基本理论是瑞士精神分析学家荣格（Carl Gustav Jung）于1921年出版的《心理类型》一书中有关知觉、判断和人格态度的观点。这一测量模型由美国心理学家凯瑟琳·布里格斯（Katherine Briggs）及其女儿伊莎贝尔·迈尔斯（Isabel Myers）研究发展而成，被广泛运用于职业规划、专业选择、团队建设管理等诸多领域。

1. MBTI 四维结构

MBTI 用四个维度概括了个体的整个心理活动过程，如表 2-6 所示。

表2-6　MBTI 的四维结构

结　构	内　容
能量倾向（内倾型与外倾型）	我们偏好把注意力集中在哪里
如何认知世界（感觉型与直觉型）	我们偏好用哪一种方式获取信息
如何做出决策（思考型与情感型）	我们偏好用哪一种方式做出决定
做事风格（判断型与知觉型）	我们偏好用哪一种方式适应环境

每个维度都有两个极端，在一个维度上到底选哪种取向取决于个体的偏好。一共有 8 种性格，每种用一个字母表示，把这些字母合起来，就展现出 16 种完全不同的性格类型，如图 2-6 所示。

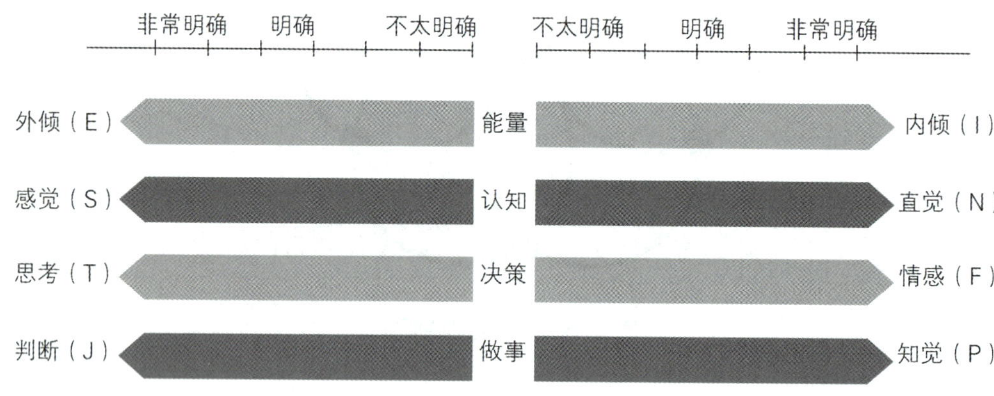

图 2-6　MBTI 的性格类型

在现实生活中，每一个维度的两端都会被用到，但个人仍会倾向于一端。这种偏好会让人更舒服、更自觉，也更可信赖。正因为如此，个人在运用它时会更成功。个人如果在每个连续尺度上没有特别明确的偏好，可能会稍稍偏于中庸。在连续尺度上居于两端的人拥有很强的偏好，他们彼此的性情差别特别大。

知识延伸

DISC 性格测试

DISC 性格测试是一种可以根据性格类型选择专业方向的测试。20 世纪 20 年代，美国心理学家威廉·莫尔顿·马斯顿（Williarn Moulton Marston）在其著作《常人之情绪》中创建了一个理论来解释普通人的情绪反应。在这一理论体系中，马斯顿采用了四个典型的人格特质因子，即支配（dominance，D）、影响（influence，I）、稳健（steady，S）、服从（compliance，C）。DISC 性格测试主要从 D、I、S、C 四个主维度特质对个体进行描绘，以便人们了解人和人之间的差异，尊重差异并善用差异。例如，销售人员需要有较高的 I 特质来影响客户，客服人员需要有较高的 S 特质来避免发怒。

2. MBTI 性格偏好分析

（1）能量倾向分析。

① 外倾型性格的人偏好从人际交往中获得能量；喜欢外出；表情丰富，情感外露；喜欢交互作用，比较合群；喜欢行动，爱好多样（不能长期坚持），喜欢自由沟通；喜欢先讲后想；易冲动、后悔，易受他人影响；等等。

② 内倾型性格的人偏好从时间中获得能量；喜欢安静，勤于思考；常常冥想，易与他人产生误解；行事谨慎，情感不外露；比较独立，有责任心、细致、考虑周到，不蛮干；不惧怕长时间做事；比较勤奋；害怕打扰；喜欢先想后讲；等等。

（2）认知倾向分析。

① 感觉型性格的人偏好通过五官感受世界，注重真实的存在，比较实际；倾向于运用已有的技能解决问题；喜欢具体、明确的事物；看重细节，缺少全面考量；脚踏实地，重视可能的结果；有忍耐性且谨慎；可做重复性的工作，不喜欢新工作，不喜欢展望；等等。

② 直觉型性格的人偏好通过第六感洞察世界；注重做事的方法；喜欢学习新技能；不看重准确性，喜欢抽象和理论；重视可能性，讨厌细节；好高骛远，喜欢新问题；凭爱好做事，容易改变对事情的态度；喜欢提新见解，但容易仓促下结论；等等。

（3）决策倾向分析。

① 思考型性格的人偏好用逻辑客观方式进行决策；坚信自己的观点正确，不考虑他人的意见；有正义感，不喜欢调和主义；具有批判和鉴别力；喜欢利用规则做决策；在工作中极少表现出情感，也不喜欢他人感情用事；等等。

② 情感型性格的人偏好主观和综合，喜欢用个人化的、价值导向的方式决策；考虑决策对他人的影响；和气、宽容，喜欢调解；不按照逻辑思考；考虑环境因素；喜欢工作场景中的情感，享受赞美，也希望得到他人的赞美；等等。

（4）做事风格分析。

① 判断型性格的人偏好封闭定向；喜欢结构化和组织化；重视时间导向；做事决断，

认为事情都有正误之分；喜欢命令、控制，反应迅速，喜欢完成任务；不善于适应；等等。

② 知觉型性格的人偏好开放定向；喜欢弹性化和自发化；重视探索和开放结局；喜欢收集新信息而不喜欢做结论；喜欢观望，开启多个新项目但不完成；优柔寡断，容易被分散注意力；等等。

体验探究

请以小组为单位讨论图 2-7 中的问题，说一说自己在这些情境下会怎么做，认识自己的与众不同，积极挖掘自己的性格及特质。

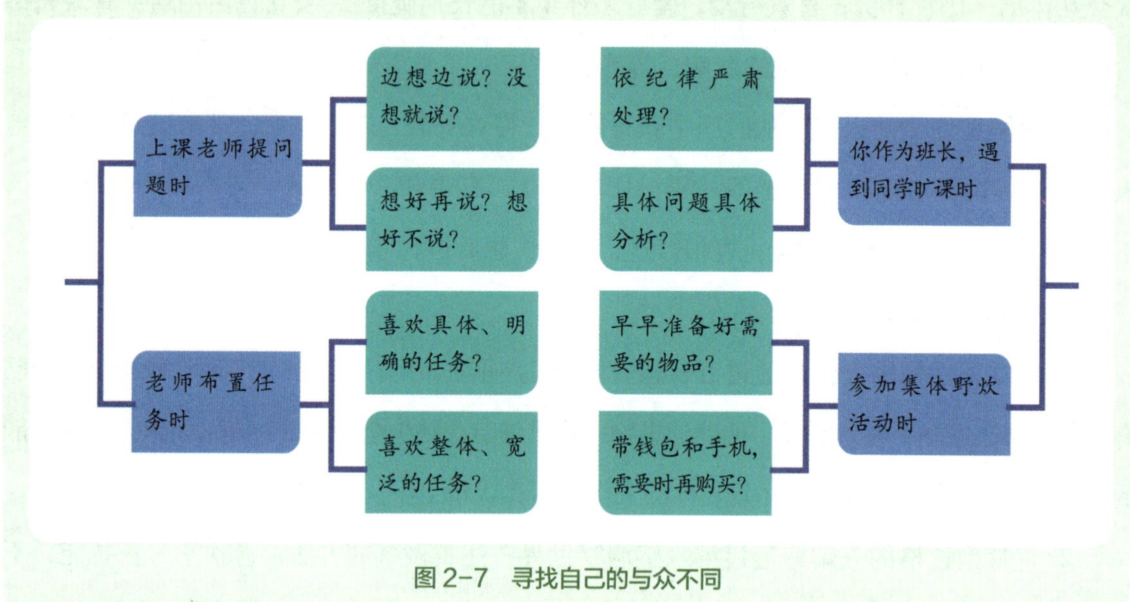

图 2-7　寻找自己的与众不同

3.MBTI 与职业的匹配

在 MBTI 中，四个维度的两极可以组合成 16 种性格类型，每一种性格类型都有适合从事的职业范围。

（1）ISTJ 型性格的人安静、严肃，能通过全面性与可靠性分析获得成功；富有责任感，思维具有逻辑性，能够踏实地完成目标；喜欢将工作与家庭事务安排好；重视传统和忠诚；等等。这种性格的人比较适合的职业有首席信息系统执行官、天文学家、数据库管理师、会计、房地产经纪人、行政管理人员、信用分析师等。

（2）ISFJ 型性格的人沉静、友善、忠诚，有责任感和良知；能坚定不移地承担责任；做事有始有终、不辞辛劳，能严格按要求完成；能替他人着想，细心，往往能记住自己重视的人的种种微小习惯，注重他人的感受；能努力创造一个有秩序、和谐的工作和家居环境；等等。这种性格的人比较适合的职业有内科医生、营养师、图书管理员、档案管理师、室内装潢设计师、客户服务管理员、特殊教育教师、酒店管理专业人员等。

（3）INFJ 型性格的人善于探索意念、人际关系和物质拥有欲的意义及它们之间的关系；希望了解什么可以激发人们的创造力；有洞察力，尽责，能够践行自己坚持的价值观；有一个为大众谋取最佳利益的清晰理念；能有条理、果断地实践自己的理念；等等。这种性格的人比较适合的职业有特殊教育教师、建筑设计师、培训师、职业策划咨询顾问、心理咨询师、作家等。

（4）INTJ 型性格的人富有创意，能努力实践自己的理念并达成目标；能很快地掌握事情发展的规律并形成长期的计划；一旦做出承诺，就会有条理地开展工作，直到完成；对自己与他人的能力和表现要求非常高；等等。这种性格的人比较适合的职业有财务总监、知识产权律师、设计工程师、精神分析师、心脏病学专家、媒体策划员、网络安全管理员等。

（5）ISTP 型性格的人灵活、忍耐力强，是安静的观察者，当问题出现时能迅速行动，找出可行的解决方法；既善于分析事物运作的原理，又善于从中（尤其是从资料中）找出实际问题的核心；能从大量的信息中很快地找到关键症结所在；重视事件的前因后果，能理性地把事实组织起来，处理问题注重逻辑、效率；等等。这种性格的人比较适合的职业有信息服务师、计算机程序员、人民警察、软件开发工程师、律师助理、消防员、私人侦探、药剂师等。

（6）ISFP 型性格的人沉着、冷静、友善、敏感、仁慈；欣赏目前和周围发生的事情；喜欢有自己的空间，做事时能把握好自己的时间；忠于自己所重视的人；不喜欢争论和产生冲突，不会强迫别人接受自己的意见或价值观；等等。这种性格的人比较适合的职业有室内装潢设计师、按摩师、客户服务管理员、服装设计师、厨师、护士、牙医等。

（7）INFP 型性格的人是理想主义者，忠于自己的价值观及自己所重视的人；能够实现外在生活与内在价值观的配合；有好奇心，能很快看到事情是否可行，将理论与实践相结合；会主动了解别人，协助别人发展潜能；适应力强，有弹性，如果他人的价值观与自己的价值观没有冲突，往往能包容他人；等等。这种性格的人比较适合的职业有心理学家、人力资源管理师、翻译人员、大学教师（人文学科）、社会工作者、图书管理员、服装设计师、编辑、网站设计师等。

（8）INTP 型性格的人对任何感兴趣的事物都要探索一个合理的解释；喜欢抽象的事情，喜欢理念思维多于社交活动；沉静，满足，有弹性，适应力强；在自己感兴趣的范围内有

非凡的能力，能够专注而深入地解决问题；有怀疑精神，有时喜欢批评，常常善于分析；等等。这种性格的人比较适合从事软件设计师、风险投资分析师等职业。

（9）ESTP 型性格的人有弹性，有忍耐性，讲求实际，专注即时的效益；对理论和概念上的解释感到不耐烦，希望以积极的行动解决问题；专注于“此时此地”，喜欢主动与别人交往；喜欢物质享受和时尚的生活方式；能够通过实践获得最佳的学习效果；等等。这种性格的人比较适合的职业有企业家、股票经纪人、保险经纪人、土木工程师、旅游管理专业人员、职业运动员、教练、电子游戏开发员等。

（10）ESFP 型性格的人外向、友善、包容；热爱生命，注重物质享受；喜欢与别人共事；在工作中善于使用常识，注意现实的情况，能够让工作富有趣味性；富有灵活性、即兴性，易接受新朋友和适应新环境；与别人一起学习新技能可以达到最佳的学习效果；等等。这种性格的人比较适合的职业有幼儿教师、公关专员、职业策划咨询师、旅游管理专业人员、导游、促销员、演员、海洋生物学家、销售人员等。

（11）ENFP 型性格的人热情而热心，富有想象力；认为生活充满很多可能性；能够很快找出事件和资料之间的关联性，而且自信地依照自己所掌握的模式去做；很需要别人的肯定，又乐于欣赏和支持别人；即兴而富有弹性，时常信赖自己的临场表现和流畅的语言表达能力；等等。这种性格的人比较适合的职业有广告客户管理人员、管理咨询顾问、演员、平面设计师、艺术指导、公司团队培训师、心理学家、人力资源管理师等。

（12）ENTP 型性格的人思维敏捷，睿智，能激励他人；警觉性高，勇于发言；能随机应变地处理新的和富有挑战性的问题；善于先引出概念上可能发生的问题，再有策略地加以分析；善于洞察别人；对日常例行事务感到厌倦；甚少以相同的方法处理同一事情，能灵活地处理新事物；善于理解别人，倾向于发展不同的爱好；等等。这种性格的人比较适合的职业有广告创意总监、市场管理咨询顾问、文案策划、广播播音员、电视主持人、演员等。

（13）ESTJ 型性格的人讲求实际，注重现实和事实；果断，能很快做出实际可行的决定；能计划和组织人员完成工作，尽可能以最有效率的方法达到目的；能注意到日常例行工作的细节；有一套清晰的逻辑标准，在自己做的同时，也希望别人跟着去做；会以强硬的态度去执行计划；等等。这种性格的人比较适合从事军官、预算分析师、药剂师、房地产经纪人、保险经纪人、教师（贸易 / 工商类）、物业管理师等职业。

（14）ESFJ 型性格的人有爱心，尽责，喜欢合作；渴望和谐的环境，而且有决心营造这样的环境；喜欢与别人共事，能准确、准时地完成工作；忠诚，即使在细微的事情上也是如此；能够注意别人在日常生活中的需求并努力满足他们；希望自己能够得到他人的认可和赏识；等等。这种性格的人比较适合的职业有房地产经纪人、零售员、护士、理货员、采购员、按摩师、运动教练、餐饮管理人员、旅游管理专业人员等。

（15）ENFJ 型性格的人热情，有同情心，有责任感，反应敏捷；非常关注别人的情绪、需要和动机；能够看到每个人的潜能，能帮助别人发挥自己的潜能；能够积极地协助他人；忠诚，对赞美和批评都能很快做出回应；社交活跃，在一组人中能够惠及别人，有启发人的领导才能；等等。这种性格的人比较适合的职业有广告客户管理员、杂志编辑、公司培训师、电视制片人、市场专员、作家、社会工作者、人力资源管理师等。

（16）ENTJ 型性格的人坦率、果断，乐于当领导者；能看到不合逻辑和缺乏效率的程序与政策，能制定和实施顾及全局的制度，解决一些组织上的问题；喜欢有长远的规划，有一套固定的目标；博学多才，喜欢自学知识，能把知识传授给别人；在陈述自己的主张时强而有力；等等。这种性格的人比较适合的职业有管理咨询顾问、政治家、教育咨询顾问、投资顾问、法官等。

需要注意的是，MBTI 职业倾向描述都是从大的类别着手的，个体在借助 MBTI 了解自己的职业倾向时，不要执着于类别名称的描述，而应看到这一类别工作的特点。在现实生活中，工作名称千变万化，有些名称相同的职位也会因公司而不同。因此，个人只有知晓适合自己性格类型的工作的特点，才能灵活地运用这一理论帮助自己选择工作。

案例阅读

选择适合自己的职业

大学本科毕业后小雅选择了直接就业。毕业时，她并不知道自己适合做什么工作，也不知道自己想要做什么工作。她入职某公司做人事专员，因工作频频出错，如文件没调对格式、打印出来不能用，宴请客人的具体的时间和人数与实际不符等而被领导责备。频频出错，让她变得唯唯诺诺，不敢与他人交流，工作也越来越不开心，陷入了恶性循环。

为了摆脱这种状况，她选择辞职。后来，她接连换了几份工作，但面临的都是相同的境况。她想要的不是这样的人生，她决定好好思考一下未来之路。她听取了朋友的建议，找了相关的专家进行咨询。专家结合她热情、喜欢小孩、想法多的性格特点，推荐她尝试运营岗位。她抱着试一试的心态选择了教育方面的运营工作，最终找到了自己的价值，找到了自己未来的发展方向。

实训活动

用 MBTI 测试自己的性格类型

1. 进行测试

表 2–7 中共 48 道题目，每一道题目都有两个答案（A 和 B）。请仔细阅读题目，根据题目所述内容与自己性格相符的程度，分别给 A、B 打分（必须保证 A、B 分数之和等于 5）。题目的答案无对错之分，请根据自己心里的第一反应做出选择。

表2–7　MBTI性格类型测试题目

题　目	答　案	分　数
（1）当遇到新朋友时，你会怎样	A. 说话的时间与聆听的时间相当	
	B. 聆听的时间会比说话的时间多	
（2）哪一种是你的一般生活取向	A. 只管做吧	
	B. 找出多种不同选择	
（3）你喜欢自己的哪种性格	A. 冷静、理性	
	B. 热情而宽容	
（4）对于工作，你擅长哪种方式	A. 在有限时间内同时协调进行多项工作	
	B. 专注某一项工作，直至把它完成	
（5）你参与社交聚会时会怎么做	A. 总是能认识新朋友	
	B. 只与几个亲密挚友待在一起	
（6）当尝试了解某些事情时，一般你会如何做	A. 先了解细节	
	B. 先了解整体情况，细节容后再谈	

续表

题　目	答　案	分　数
（7）你对哪方面比较感兴趣	A. 知道别人的想法	
	B. 知道别人的感受	
（8）你较喜欢哪个工作	A. 能迅速或即时做出反应的工作	
	B. 能制订目标，然后逐步达成目标的工作	
（9）哪一种说法较适合你	A. 当与友人尽兴后，我会感到精力充沛，并会继续追求这种欢娱	
	B. 当与友人尽兴后，我会感到疲累，觉得需要一些空间	
（10）哪一种说法比较适合你	A. 我比较有兴趣知道别人的经历，如他们做过什么、认识什么人	
	B. 我比较有兴趣知道别人的计划和梦想，如他们会往哪里去、憧憬什么	
（11）哪一种说法比较适合你	A. 我擅长制订一些可行的计划	
	B. 我擅长促成别人同意一些计划并热衷合作	
（12）哪一种说法比较适合你	A. 我会突然尝试做某些事，看看会有什么事情发生	
	B. 我在尝试做任何事前都会想可能会有什么事情发生	
（13）哪一种说法比较适合你	A. 我经常边说话边思考	
	B. 我在说话前通常会思考要说的话	
（14）哪一种说法比较适合你	A. 周围的环境对我很重要，而且会影响我的感受	
	B. 我如果喜欢所做的事情，那么气氛对我而言并不是很重要	
（15）哪一种说法比较适合你	A. 我喜欢分析，心思缜密	
	B. 我对人感兴趣，关心发生在他们身上的事	
（16）哪一种说法比较适合你	A. 即使已制订计划，我也喜欢探讨其他新的方案	
	B. 一旦制订计划，我便希望能依计行事	
（17）哪一种说法比较适合你	A. 认识我的人一般都知道什么对我来说是重要的	
	B. 除了我感觉亲近的人，我不会对他人说出什么对我来说是重要的	

续表

题　目	答　案	分　数
（18）哪一种说法比较适合你	A. 我如果喜欢某种活动，就会经常进行这种活动	
	B. 我在熟悉某种活动后，希望转而尝试其他新的活动	
（19）哪一种说法比较适合你	A. 在做决定时，我更多地考虑正反两方面的观点，并且会推理与质证	
	B. 在做决定时，我会更多地了解其他人的想法，并希望能够达成共识	
（20）哪一种说法比较适合你	A. 我在专注做某件事情时，需要不时停下来休息	
	B. 我在专注做某件事情时，不希望受到任何干扰	
（21）哪一种说法比较适合你	A. 我独处太久便会感到不安	
	B. 若没有足够的自处时间，我便会感到烦躁不安	
（22）哪一种说法比较适合你	A. 我对一些没有实际用途的意念不感兴趣	
	B. 我喜欢意念，并享受想象意念的过程	
（23）哪一种说法比较适合你	A. 当进行谈判时，我会依靠自己的知识和技巧	
	B. 当进行谈判时，我会拉拢其他人至同一阵线	
（24）当放假时，你多数会	A. 随遇而安，做当时想做的事	
	B. 为想做的事情制订时间表	
（25）当放假时，你多数会	A. 大部分时间与别人共度	
	B. 大部分时间自己阅读、散步或者做白日梦	
（26）当放假时，你多数会	A. 返回你喜欢的地方度假	
	B. 选择前往一些你从未到达的地方	
（27）当放假时，你多数会	A. 带着一些与工作或学校有关的事情回家	
	B. 处理一些对你来说非常重要的人际关系	
（28）当放假时，你多数会	A. 忘记平时发生的事情，专心享乐	
	B. 想着假期过后要准备的事情	
（29）当放假时，你多数会	A. 参观著名景点	
	B. 逛博物馆和去一些较为幽静的地方	
（30）当放假时，你多数会	A. 在喜欢的餐厅用餐	
	B. 尝试新的菜式	

续表

题目	答案	分数
（31）哪个说法最能贴切形容你对自己的看法	A. 别人认为我会公正处事，并且尊重他人	
	B. 别人相信在他们有需要时我会在他们身边	
（32）哪个说法最能贴切形容你对自己的看法	A. 随机应变	
	B. 按照计划行事	
（33）哪个说法最能贴切形容你对自己的看法	A. 坦率	
	B. 深沉	
（34）哪个说法最能贴切形容你对自己的看法	A. 留意事实	
	B. 注重事实	
（35）哪个说法最能贴切形容你对自己的看法	A. 知识广博	
	B. 善解人意	
（36）哪个说法最能贴切形容你对自己的看法	A. 容易适应转变	
	B. 处事井井有条	
（37）哪个说法最能贴切形容你对自己的看法	A. 爽朗	
	B. 沉稳	
（38）哪个说法最能贴切形容你对自己的看法	A. 实事求是	
	B. 富有想象力	
（39）哪个说法最能贴切形容你对自己的看法	A. 喜欢询问实情	
	B. 喜欢探索感受	
（40）哪个说法最能贴切形容你对自己的看法	A. 不断接受新意见	
	B. 着眼目标的达成	
（41）哪个说法最能贴切形容你对自己的看法	A. 率直	
	B. 内敛	
（42）哪个说法最能贴切形容你对自己的看法	A. 实事求是	
	B. 具有远大目光	
（43）哪个说法最能贴切形容你对自己的看法	A. 公正	
	B. 宽容	
（44）你会倾向哪一种做法	A. 暂时放下不愉快的事情，直至有心情时才处理	
	B. 及时处理不愉快的事情，务求把它们抛诸脑后	

续表

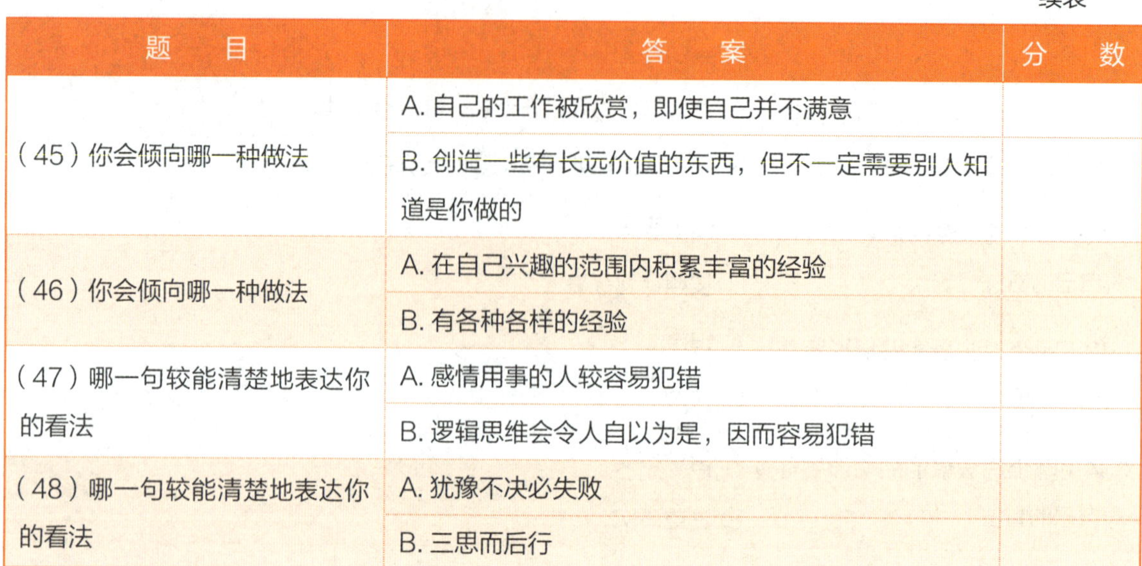

题　目	答　案	分　数
（45）你会倾向哪一种做法	A. 自己的工作被欣赏，即使自己并不满意	
	B. 创造一些有长远价值的东西，但不一定需要别人知道是你做的	
（46）你会倾向哪一种做法	A. 在自己兴趣的范围内积累丰富的经验	
	B. 有各种各样的经验	
（47）哪一句较能清楚地表达你的看法	A. 感情用事的人较容易犯错	
	B. 逻辑思维会令人自以为是，因而容易犯错	
（48）哪一句较能清楚地表达你的看法	A. 犹豫不决必失败	
	B. 三思而后行	

2. 结果统计

请根据自己的测试，将测评结果写在表 2-8 中。

表2-8　性格类型测试结果

题号	A	B	题号	A	B	题号	A	B	题号	A	B
（1）			（2）			（3）			（4）		
（5）			（6）			（7）			（8）		
（9）			（10）			（11）			（12）		
（13）			（14）			（15）			（16）		
（17）			（18）			（19）			（20）		
（21）			（22）			（23）			（24）		
（25）			（26）			（27）			（28）		
（29）			（30）			（31）			（32）		
（33）			（34）			（35）			（36）		
（37）			（38）			（39）			（40）		
（41）			（42）			（43）			（44）		
（45）			（46）			（47）			（48）		
总计			总计			总计			总计		
	E	I		S	N		T	F		J	P

3. 探索自己的性格类型

E 和 I、S 和 N、T 和 F、J 和 P 各自是一对组合。在每一对组合中，比较该组合中偏好的得分，分数高的那个组合就是性格优势类型，如果同分，选择后面的那一组合。对四对组合分别进行比较，得到自己的性格优势类型代码。

我的性格优势类型代码：________________

任务三 发挥所长：能力与职业

学习目标

- 了解能力的含义、分类
- 掌握职业能力的含义与类型
- 掌握发掘和发展职业能力的方法

情境导入

火锅料理师

2022年，人力资源社会保障部发布《中华人民共和国职业分类大典（2022年版）》，火锅料理师成为中式烹调师职业下的新工种。火锅料理师是指从事火锅底料、汤料、酱料、蘸料制作，食材加工，菜品预制并具备一定餐饮经营、管理能力的人员。火锅料理师成为国家职业新工种，为火锅从业者开辟了一条成为职业技能人才的新通道。

问题与思考：

（1）火锅料理师成为国家认可的新工种有何重要意义？

（2）什么是职业技能人才？你如何看待这些新职业？

能力是一个人能够进入职业的先决条件，任何职业都需要个体具备一定的能力。每个

人都具有多种能力，但是各方面能力的发展是不平衡的。一个人如果某方面的能力占优势，则其他方面的能力可能就没那么突出了。在进行职业选择时，人们应该从个人优势出发，选择最能发挥自己优势能力的职业。

一、能力的含义

视频
什么是能力

能力是顺利、有效地完成某种活动所必须具备的条件，是影响活动效果的基本因素。一个人能力的高低会影响其从事某种活动的快慢或难易程度。例如，一个具有较强动手能力的人学习工程专业也会相对容易。个人能力的发展会受多种因素，如先天素质、早期经验、社会实践、主观努力等的影响。能力包含知识、技能、才干三个方面，如图 2-8 所示。

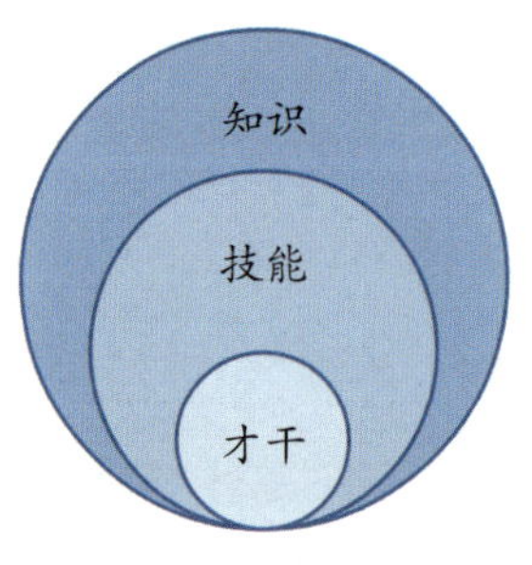

图 2-8　能力三核心

知识与个体的专业学习或工作内容相关，是个体通过有意识地学习和记忆而获得的。在大学阶段，每个人所学的专业课和选修课、看过的书、听过的讲座等都属于知识范畴。

技能是个体经过后天的学习、练习、培养而形成的能力，主要聚焦在工作的领域。技能以熟练程度为评价标准。在大学阶段，个体可以通过反思自己会做什么、参加过哪些社会实践、自己的突出能力有哪些等，进一步认识并挖掘自身的技能。个体获取技能的关键是学会分解，先将某种技能分解为若干个小模块，再将每一个小模块分解为若干小步骤。个体依据这些模块、步骤，先逐项刻意练习，再进行合成，就能掌握该项技能。

才干以知识和技能为基础，叠加了个人的性格和特质。一个人能不能完成某项任务由知识和技能决定，能不能做好某项任务由才干决定。一个人在某个领域具备了一定的知识储备并掌握了一定的技能，就可以从事相关领域的工作。但是，一个人如果想在某个领域追求卓越，就必须有才干。

体验探究

在日常生活中，人们经常会用“他能力很强”评价他人。你在听到这种评价时，会认为“他”是怎样的一个人？将你想到的关键词填在图 2-9 中。

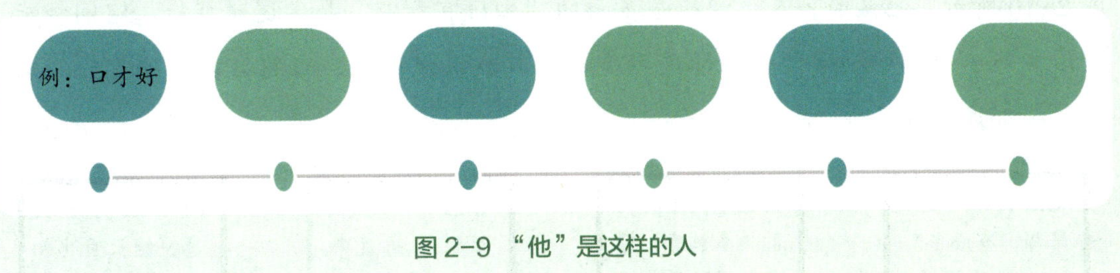

图 2-9 “他”是这样的人

二、能力的分类

一个人的潜力是客观存在的，只有有意识地将这种内在的潜力转化为外在的实力，潜力才能真正成为能力。个人具备的能力是多方面的，不同人的能力结构不同。能力按不同的分类标准可划分为不同的类型。

（一）按照能力的结构划分

根据能力的结构，可以把能力划分为一般能力和特殊能力。一般能力即平常所说的智力，是人们顺利完成各项活动必须具备的基本能力。特殊能力是指进行某种专业活动或在某种特殊领域活动时所表现出来的能力。一个人想要顺利完成某项工作，既需要一般能力，又需要特殊能力。

（二）按照能力所涉及的领域划分

根据能力所涉及的领域，可以把能力划分为认知能力、操作能力和社交能力。认知能力是指获取知识的能力，即智力。操作能力是指支配肢体完成某种活动的能力，如体育运动能力、手工操作能力。社交能力是指从事社会交往的能力，如语言表达能力与感染力、组织管理能力等。

（三）按照创造的程度划分

根据创造的程度，可以把能力划分为模仿能力、再造能力和创造能力。模仿能力是指效仿他人行为的能力。再造能力是指在活动中能顺利地掌握前人积累的知识技能，并按照现有的模式或程序进行活动的能力。创造能力是指根据一定的目的和任务，开展能动的思维活动，产生新认识、创造新事物的能力。

知识延伸

多元智能理论

美国发展心理学家霍德华·加德纳（Howard Gardner）提出了多元智能理论，如图2-10所示。他认为，人类智能是多元的，由语言智能、数学逻辑智能、空间智能、音乐智能、身体运动智能、人际关系智能、自我认识智能、自然智能八项智能组成。每个人都拥有不同的智能优势组合。

语言智能	词汇丰富，善用修辞，有语言天赋，擅长阅读、写作、讲故事等
数学逻辑智能	对数字、事物间的关系敏感，擅长数理运算与逻辑推理，善于进行数据分析，有很强的抽象思维能力
空间智能	对色彩、线条、形状等高度敏感，形象思维能力强，善于将文字等转换成图像，方向感、定位感敏锐
音乐智能	对音乐高度敏感，擅长通过音乐表达情感和想法，善于创作或改编音乐
身体运动智能	能自如地控制身体，擅长用体态表达自己的情感和想法，擅长舞蹈、运动和使用工具，动手能力强
人际关系智能	能敏锐察觉他人的情绪，能与他人融洽相处，善于处理人际交往中的各种问题
自我认识智能	能觉察自己的情绪、想法并做出合理的调整；善于站在他人角度考虑问题；有明确目标；有自己的价值判断标准和行为准则
自然智能	善于观察和学习动物习性、生态环境，擅长实验操作、养花或者照顾小动物等

图2-10　多元智能理论

三、职业能力

职业能力是指个体将所学的知识、技能和态度在特定的职业活动或情境中进行类化迁移与整合所形成的、能完成一定职业任务的能力。职业能力是多种能力的综合，是从事某种职业活动的重要保证。

（一）职业能力的类型

人们通常把职业能力分为一般职业能力、专业能力和综合能力。

1. 一般职业能力

一般职业能力主要是指一般的学习能力、文字与语言运用能力、数学运用能力、空间判断能力、形体知觉能力、颜色分辨能力、手的灵巧度、手眼协调能力等。此外，任何职业岗位的工作都需要与人打交道，因此，人际交往能力、团队协作能力、对环境的适应能力及良好的挫折承受能力都是个人在职业活动中必须具备的。

2. 专业能力

专业能力主要是指从事某一职业的能力。在求职过程中，招聘方最关注的就是求职者是否具备胜任所应聘工作岗位的专业能力。例如，一个人应聘教师工作岗位，招聘方最看重其是否具备基本的教学能力。

3. 综合能力

（1）跨职业的专业能力。一个人跨职业的专业能力体现在以下三个方面：一是运用数学和测量方法的能力，二是计算机应用能力，三是运用外语解决技术问题和进行交流的能力。

（2）方法能力。一个人的方法能力体现在以下三个方面：一是信息收集和筛选能力；二是制订工作计划、独立决策和实施计划的能力；三是准确的自我评价能力和接受他人评价的承受力，能够从成败的经历中吸取经验教训。

（3）社会能力。一个人的社会能力主要包括团队协作能力、人际交往和沟通的能力。在工作中能够协同他人共同完成工作，对他人公正宽容，具有准确裁定事物的判断力和自律能力等，是个人胜任岗位和在工作中开拓进取的重要条件。

随着我国经济体制改革的深入、法制的不断健全完善，个人的社会责任感和诚信也越来越受重视，弄虚作假者将无立足之地。一个人如果拥有较好的职业道德，就会受到全社会的尊重和赞赏；爱岗敬业、工作负责、注重细节的职业人格会得到全社会的肯定和推崇。

体验探究

请先在图 2-11 中写下自己具备的能力（标注关键词即可），再梳理好表达逻辑，组织好语言，寻找一个合作伙伴，进行即兴演讲（限时 2 分钟），向对方说一说自己的能力。

图 2-11　能力关键词

（二）发掘自己的职业能力

可利用 STAR [①]法则撰写成就故事，即从过往取得的、可衡量的成就中寻找自己的职业能力，这是发掘职业能力的重要途径。STAR法则（图 2-12）是一种用来收集职业能力的工具，个体使用它可以较为精确地预测未来的工作表现。情境用来描述事情是在什么情况下发生的；目标用来描述如何明确自己的任务目标；行动用来描述自己采用了什么行动方式；结果用来描述结果怎样，自己学习到了什么。

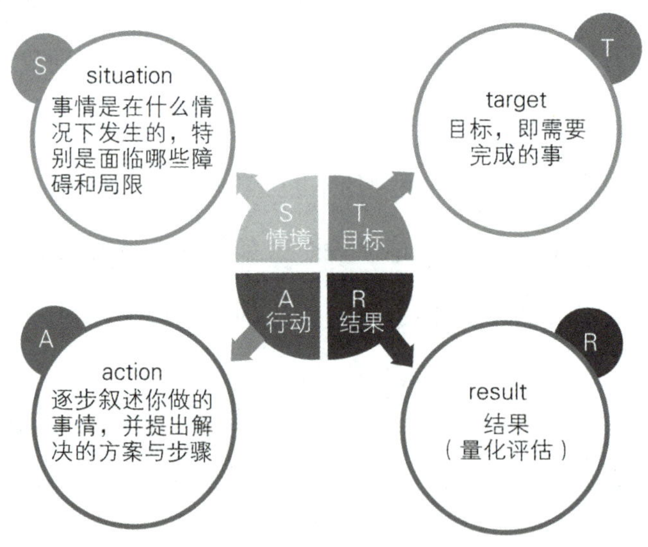

图 2-12　STAR 法则

除了利用 STAR 法则撰写成就故事外，人们还可以利用一些测验来发掘自己的职业能力。例如，可以使用机械倾向性测验检验自己对机械原理的理解，检验自己判断空间形象的速度、准确性，检验自己手眼协调的运动能力等；可以使用心理运动能力测验检验自己

① STAR 是 situation（情境）、target（目标）、action（行动）、result（结果）四个英文单词首字母的组合。

的肌肉协调性、手指灵活性、眼与手的精确协调性等。

（三）发展自己的职业能力

1. 寻找并发展自身的优势

优势是一个人区别于他人的标志性特征，能够帮助个人在自己所擅长的领域取得成功。历史上，不少著名人物都利用自身优势取得了成功。一个人想要拥有一技之长，就需要在自己擅长的方面持续深耕。例如，自己如果擅长沟通，那就做与人交流比较多的工作；自己如果擅长钻研，那就做技术钻研相关的工作。

2. 了解并接纳自己能力的边界

一件事情的难度不是由别人的看法决定的，而是由自己的实践结果决定的。在发展自己的职业能力时，大学生应清楚哪些事情自己办得到、哪些事情自己办不到。一个人如果将“极其困难的事情”当作“理所应当能做到的事情”，往往会陷入对自身能力的无限追求之中，从而引发焦虑。

3. 培养自我管理技能

自我管理技能经常被看作个性品质，用来描述或说明人具有的某些特征。这些技能可以从非工作领域迁移转换到工作领域，帮助个人展现自己的才能，它是个人成功的必要品质，也是个人最有价值的个性品质。

案例阅读

用生命托起中国战机

王立春在《罗阳：用生命托起中国战机》中写道：“在他懵懂的童年，他对无线电的热爱已超出了对游戏的专注。少年时代，在航模的试验场，他极早地显露出在飞机领域的过人天赋。大学时代的专业积累和专注精神使他大踏步地迈向了自己所爱的领域。研究生时期的深入探索，更使他变成了这个领域的专家。”①

在部队大院长大的罗阳高考成绩优异，报的志愿全是军工类。他说：“我是军人的孩子，从事国防军工是梦想。”1982 年 8 月，罗阳被分配到沈阳飞机设计研究所。任职期间，他以“十个统筹”指导企业发展，企业主要经济指标连年增长。他把军机研制

① 王立春. 罗阳：用生命托起中国战机[M]. 南宁：接力出版社，2020：前言 1.

生产作为最重要的任务，"十一五"时期完成了多个型号的新机首飞和设计定型，实现了国家战略工程项目的重大突破和生产能力的新突破。同样的飞机，世界航空大国用3～5年才能研制出来，罗阳和同事们仅用了不到两年就研制成功。罗阳为我国第一艘航母——辽宁舰研制的舰载机填补了中国航空史上的空白。为了研制歼-15舰载机，他每周工作7天，每天工作20个小时，把自己当成铁打的人，直至生命的最后一刻……他将航空报国的志向写在了蓝天碧海之间。

在51年的人生历程中，罗阳书写了生命传奇。无论是永不服输、永不懈怠的劲头，还是"外国人能干成的事情，中国人同样能干成"的志气，无论是力克技术难题锐意创新，还是带领企业迈入改革发展的快车道，罗阳干出了一番不平凡的业绩。正是因为有像罗阳这样的一批又一批改革者、创业者，国家才不断攀上事业高峰。

实训活动

撰写成就故事

请在表2-9中写下生活中令你最有成就感的一个故事，并与同学探讨相关问题。成就故事可以是在学习中发生的，也可以是在课外活动或家庭生活中发生的，只要符合"你喜欢做这件事时体验到的感受""你为这件事所产生的结果而感到自豪"这两点，就可以被视为"成就"，如同学聚会、一次美好而难忘的旅游等。

表2-9　我的成就故事

方　面	内　容
情境（S）	
目标（T）	
行动（A）	
结果（R）	

续表

分析与探讨
(1)你的成就故事展现出了自己哪些方面的能力?
(2)你的成就故事展现的能力与哪些职业相匹配?
(3)你认为该如何培养自己的职业能力?

任务四

固牢根基:价值观与职业

学习目标

- 知道什么是价值观和职业价值观
- 澄清和审视自己的职业价值观
- 在职业价值观的引导下做出正确的选择

情境导入

到祖国最需要的地方

近年来,越来越多的大学生把投身基层、服务西部作为自己的人生选择,彰显了新时代青年到祖国和人民最需要的地方去建功立业的情怀和担当。大学生志愿服务西部计划始于 2003 年，每年招募一定数量的高校应届毕业生和在读研究生到西部基层开展为期 1 至 3 年的志愿服务工作。截至 2022 年 8 月，已累计选派 40 多万名大学生志愿者到中西部及新疆生产建设兵团开展基层服务工作。志愿者们在服务过程中丰富了阅历，增长了才干，培养了吃苦耐劳的精神。服务期满后，他们有的走上了基层管理岗位，有的成为所在单位的业务骨干，有的扎根山乡成为农村群众的致富带头人，有的成为深受企业欢迎的科技人才。

问题与思考：

（1）作为一名大学生，你理想中的工作是什么样的？

（2）你如何看待职业与理想之间的关系？

大学生在选择职业的过程中所表现出来的价值观对他们的职业选择、工作目标、努力程度、自我实现等有重大影响，关系着他们的社会化进程和人生观的确立，也关系着整个社会的发展与变革。

一、价值观的含义

价值观是指个体在认识各种具体事物的价值的基础上形成的对事物价值的总的看法和根本观点，是推动并指引个体做出决定和采取行动的原则、标准。简单来说，价值观是个体区别好坏、分辨是非的心理倾向体系，是决定个体行为方向的驱动器。

价值观是一种内心尺度。它融于人格当中，支配着个人的行为、态度、信念、生活目标和追求方向等，也支配着个人的自我认知、自我定向、自我规划、对世界的认识等，并为自认为正当的行为提供充足的理由。

每个人都有自己独特的价值观体系。个体会对各种事物（如学习、劳动、贡献、成就等）进行主次排序，而对各种事物轻重、好坏的排序也构成了一个人的价值观体系。

知识延伸

伟大变革鼓舞人心，宏伟蓝图催人奋进

习近平总书记在党的二十大报告中强调：“从现在起，中国共产党的中心任务就是团结带领全国各族人民全面建成社会主义现代化强国、实现第二个百年奋斗目标，以中国式现代化全面推进中华民族伟大复兴。”[①]在中华人民共和国成立特别是改革开

① 习近平．高举中国特色社会主义伟大旗帜　为全面建设社会主义现代化国家而团结奋斗：在中国共产党第二十次全国代表大会上的报告[M]．北京：人民出版社，2022：21.

放以来长期探索和实践基础上，经过党的十八大以来在理论和实践上的创新突破，我们党成功推进和拓展了中国式现代化。中国式现代化，是中国共产党领导的社会主义现代化，既有各国现代化的共同特征，更有基于自己国情的中国特色。中国式现代化，是人口规模巨大的现代化、全体人民共同富裕的现代化、物质文明和精神文明相协调的现代化、人与自然和谐共生的现代化、走和平发展道路的现代化。

二、价值观的作用

个体的价值观一旦确定，就会决定、调节、制约个性倾向中的需要、动机、愿望等，价值观是个体动机和行为模式的“统帅”。需要、动机在目的、方向上受价值观的支配，只有经过价值判断之后被认为是可取的，才能被个体转换为行为的动机，并以此为目标引导个体的行为。

价值观无论是在生活中还是在职业发展中都起着极其重要的方向性作用。价值观使个体的行为带有稳定的倾向性。一个人越清楚自己的价值观，越了解自己在工作和生活中想要寻求什么，他的生涯发展目标通常也就越清晰。

体验探究

请结合生活实际，汇总对你有价值的内容，将其填写在图 2-13 中。

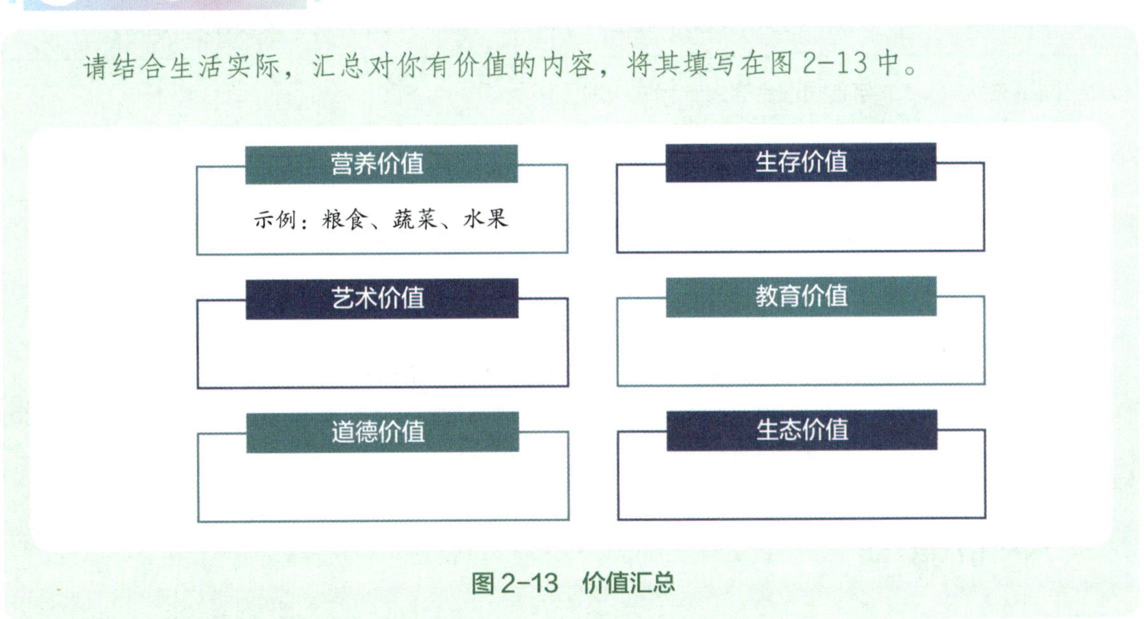

图 2-13　价值汇总

三、职业价值观

职业主体的价值观在职业上的体现即职业价值观，是个体对职业所持有的一种信念和态度，是个体在职业生涯中表现出来的一种价值取向。职业价值观是影响职业选择的重要因素之一。

（一）职业价值观的分类

每个人在职业上都有各自不同的价值追求。舒伯总结出了 15 种非常普遍的职业价值观，它们代表着不同群体在工作中所重视和追求的 15 个方面，具体如表 2-10 所示。

表2-10　舒伯的15种职业价值观

职业价值观的类型	职业价值观的表现
利他性	直接为大众的幸福和利益尽一份力
美感	不断地追求美的事物，得到美的享受
创造性	发明新事物，设计新产品或者发展新理念
智力激发	不断进行智力操作、学习以及探索新事物，解决新问题
独立性	按自己的方式、习惯、频率等进行工作，不受他人干扰
成就	不断实现自己的理想，因工作上取得成果而感到满足
管理	获得对人或事的管理权，能指挥和调遣一定范围内的人或物
工作环境	追求舒适、轻松、自由、优越的工作条件和环境
监督关系	上级领导人品较好，在工作中能做到民主、公正；与上级领导关系融洽
同事关系	与志同道合的人一起愉快地工作
变动性	追求经常变换内容的工作
声望	追求提高身份或名望，希望受到他人的推崇和尊敬
安全性	工作要安稳、有保障
经济报酬	获得优厚的报酬，使自己有足够的财力获得想要的东西
生活	选择自己的生活方式，实现自己的理想

知识延伸

社会主义核心价值观

核心价值观是一个民族赖以维系的精神纽带，是一个国家共同的思想道德基础。构建具有强大感召力的核心价值观关系社会和谐稳定，关系国家长治久安。党的十八大提出，倡导富强、民主、文明、和谐，倡导自由、平等、公正、法治，倡导爱国、敬业、诚信、友善，积极培育和践行社会主义核心价值观。富强、民主、文明、和谐是国家层面的价值目标，自由、平等、公正、法治是社会层面的价值取向，爱国、敬业、诚信、友善是公民个人层面的价值准则。社会主义核心价值观是社会主义核心价值体系的内核，体现社会主义核心价值体系的根本性质和基本特征，反映社会主义核心价值体系的丰富内涵和实践要求，是对社会主义核心价值体系的高度凝练和集中表达。

（二）影响职业价值观的主要因素

影响职业价值观的因素是复杂的、多维度的。根据各因素所起的作用不同，学者将影响职业价值观的因素总结为三类。

1. 发展因素

影响职业价值观的发展因素包括兴趣爱好、机会是否均等、竞争公平性、工作挑战性、工作自主性、培训机会、晋升机会、专业对口程度、发展空间、出国机会等，多与个人发展有关。

2. 保健因素

影响职业价值观的保健因素包括工资、福利、保险、职业稳定性、工作环境舒适度、交通便捷性、生活便利性等，多与福利待遇和生活有关。

3. 声望因素

影响职业价值观的声望因素包括单位知名度高低、规模和权力大小、行政级别和社会地位高低等，多与职业声望、地位有关。

（三）职业价值观的作用

1. 职业价值观是个体职业的过滤器

对个体而言，什么最重要、什么不重要、什么有价值等，都是由职业价值观决定的。如果个体的价值观与其职业相吻合，他在工作中就会感到舒适；反之，他会感到痛苦。

2. 职业价值观是个体职业决策的指南

个体只有在明确自己最重要的人生价值后，才能轻松地决定选择何种职业，否则可能会随波逐流，一事无成。取得杰出成就的人始终清楚哪些是人生中最重要的目标，并能坚持去实现它们。

3. 职业价值观是个体职业成功的基础

个体只有树立了正确的职业价值观，才会拥有为之奋斗的目标和动力。个体只有在做出符合自己职业价值观的行为后，才能真正使职业价值观对自己的职业选择起到帮助作用。

体验探究

假如毕业时有三份工作摆在你的面前（图 2-14），你会如何选择？将你的想法说给同学听，并阐述你做出这种选择的理由。

图 2-14　三份工作

（四）职业价值观的培养

党的二十大报告指出，要“广泛践行社会主义核心价值观”“把社会主义核心价值观融入法治建设、融入社会发展、融入日常生活”。大学生在培养自己的职业价值观时，要以社会主义核心价值观为依据，处理好以下几个方面的问题。

1. 与钱财有关的问题

职业价值观的培养首先要面对的是钱财问题。一些大学生将薪资作为就业的首要考虑因素，虽不提倡，但也无可厚非。但是，一些大学生在毕业时所拥有的知识、能力等不足以支撑起高额的金钱回报，如果这时候仍有着一夜暴富的心理，很容易被不法分子利用而误入歧途。在严峻的就业形势下，大学生应结合自身实际情况，理性看待薪资问题，做出有利于自身长远发展与成长的选择。

2. 个人与社会的关系

社会是人类历史发展的产物，人不能离开社会。一个人只有为社会做出贡献才能实现自己的职业价值，职业首先是具有社会性的。强调职业价值的社会性并不意味着忽略择业中的个人因素，大学生应将个人需要与国家需要相结合。

3. 职业与兴趣的关系

大学生在确定职业价值观时，一定要分析其是否与自己的兴趣相适应。面临择业时，大学生要选择自己擅长的工作。要知道，任何职业都不会埋没人才，不会束缚人的创造力，个体在平凡的岗位上也能做出不平凡的业绩，关键在于个体如何对待自己的职业。

为祖国打造“种子方舟”的钟扬

钟扬，我国著名植物学家，复旦大学生命科学学院教授，入选“100 位重要英雄模范”。他带领团队收集了上千种植物的 4 000 万颗种子，盘点了“世界屋脊”的生物“家底”。他一手培养出一支高原上的生态植物学“精锐部队”，带领西藏大学生态学入选国家“双一流”建设学科名单。

20 世纪 80 年代，钟扬进入中国科学院武汉植物研究所工作。在同事的引导下，他第一次接触植物学相关的知识。2000 年，他放弃中国科学院武汉植物研究所副所长的职务，受邀加入复旦大学，立志培养出更多植物学和生态学的人才。他曾说：“我真的想多培养一些未来生态学的人才，在每一个学生的心里都种下一颗热爱植物和生态学的种子。”

他立志要填补种子资源库中西藏地区植物的空白。2001 年，他第一次前往西藏，此后每年他都会到西藏进行野外科考工作，坚持在高原采集种子。在青藏高原采集种子要忍受长途跋涉和高原反应，还要面对泥石流、塌方、翻车等危险处境，可是他一坚持就是 16 年。

由于常年在高低海拔之间来回奔波，他的身体受到很大的伤害。2015 年，他突发脑出血，医生建议他绝对不能再去西藏，但是他却加快了工作的步伐。2017 年 9 月 25 日，他在工作中遭遇车祸，生命永远定格在了 53 岁。

“不是杰出者才做梦，而是善梦者才杰出”，他把自己活成了一颗追梦的“种子”。如今，无数年轻人接过了他手中的接力棒，用另一种方式让生命绽放。

实训活动

开展价值观交换游戏

开展价值观交换游戏活动可以帮助学生认识职业价值观的多样性，认清自己的职业价值观。请学生参考表 2-11，根据步骤完成价值观交换游戏，思考并回答相关问题。

表2-11　价值观交换游戏指南

步　骤	说　明	备　注
(1)准备材料	A4 纸、剪刀、签字笔	
(2)制作职业价值观卡片	首先，将空白 A4 纸先横着对折两次，再竖着对折两次；然后，沿着折痕将纸裁成 16 张小卡片。在卡片上依次写上 15 种职业价值观（见备注）。在剩下的空白卡片上写上自己看重的其他职业价值观	美的追求、安全稳定、独立自主、多样变化、经济回报、管理权力、帮助他人、生活方式、创造发明、上级关系、同事关系、成就满足、名誉地位、工作环境、智性激发
(3)排序	仔细思考，将这些写着职业价值观的卡片按照重要性进行排序，将结果记录在备注中	
(4)交换	拿自己不看重的卡片找同学交换，交换回来的卡片应是自己认为重要的卡片	交换应遵循协商原则，不能送，只能交换
(5)游戏总结	交换结束后，必须保证每个人手中至少有一种卡片的数量等于或大于 4，否则游戏失败	同一种卡片越多，该价值观实现的可能性就越大
问题思考		
(1)你最终拥有的同一种卡片的数量是自己满意的结果吗？为什么？		
(2)你最看重的三个职业价值观是什么？		

项目三 探索·优化职业选择

寄语

人生中有一些事情是无法改变的，但也有一些事情是可以通过努力改变的。无数成功人士的奋斗历程告诉我们：成功总是由那些抱有积极心态的人获得。强调积极心态，并不是否认消极因素的存在，而是让人学会不让自己沉溺在消极情绪之中，即使身陷困境，也能以愉悦和创造性的态度走出困境，走向光明。

思维导图

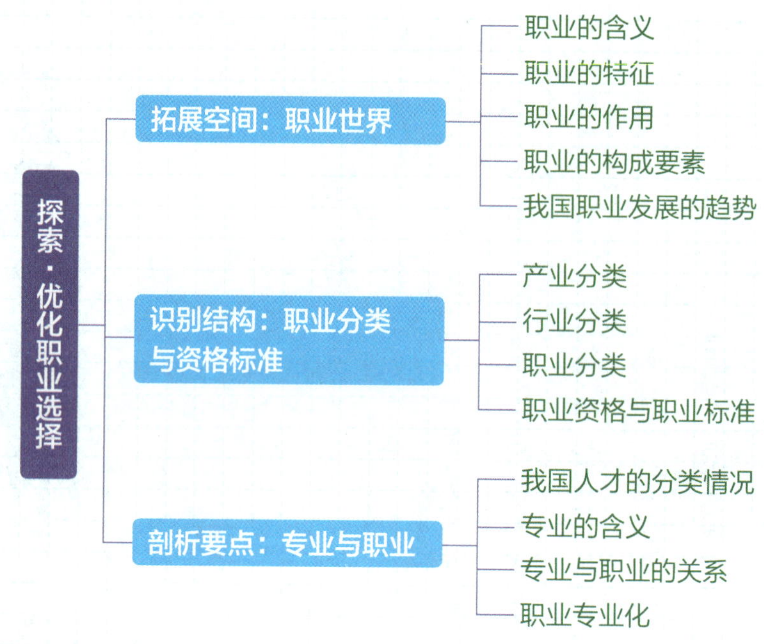

课前热身

当今社会，职业种类多样，每种职业都有其特定的社会责任。请仔细分析图 3-1 中某些职业的局部图片，分别猜一猜它们是哪种职业，并将正确答案写在括号内。

图 3-1　职业猜猜猜

任务一

拓展空间：职业世界

学习目标

- 了解职业是如何产生的
- 掌握职业的含义、特征、作用、构成要素
- 了解我国职业发展的趋势

情境导入

新青年青睐新职业

《新青年 新机遇——新职业发展趋势白皮书》显示，新职业越发受到青年青睐。从从业意愿方面看，青年群体从事新职业的兴趣持续高涨，对从事网络主播、网络配音员等新职业持积极态度。与之相对应，从用工企业方面来看，新职业从业者年轻化特征凸显。数据显示，与企业签约的新职业从业者中，18～22岁的从业者占比最高，达到46%；31岁以上的从业者数量相对较少，占比约为20%。当前的新职业从业者，尤其是网络主播类从业者，来自低线城市的青年群体仍是中坚力量。新职业的兴起，为中小城市青年提供了更多、更灵活的就业机会。

问题与思考：

（1）你能说出多少种新职业？

（2）你对新职业持何种态度？

职业的存在和演进是人类社会特有的现象。一方面，人类劳动有了社会分工，不同的劳动者、劳动资料、劳动对象等也被赋予了不同的职业色彩；另一方面，随着社会技术的不断发展，职业得到了相应的发展，技术的进步淘汰了不适合社会需要的职业。可以说，职业既是技术发展的产物，又会被新的技术消灭。了解和掌握职业基础知识，积极探索职

业世界的奥秘，是大学生正确制订职业生涯规划乃至择业成功的基本条件。

一、职业的含义

从汉语词义的角度看，“职业”一词由“职”和“业”构成，“职”是指职位、职责，“业”是指行业、事业。《现代汉语词典》（第 7 版）对职业的解释是“个人在社会中所从事的作为主要生活来源的工作”。

职业是指人们参与社会分工，利用专门的知识与技能为社会制造物质财富和精神财富，获取合理报酬并将其作为物质生活来源，能够满足精神需求的工作；是人们为了谋生和发展而从事的相对稳定的、有收入的、专门类别的社会劳动。它是对人们的生活方式、经济状况、文化水平、行为模式、道德情操等方面的综合反映，也是一个人的权利、义务及职责的具体体现，是人的社会地位的一般性表征。

体验探究

人们现在从事的许多职业都是由古代职业发展而来的。请写出图 3-2 中所列的现代职业在古代的名称。

现代职业	古代名称
老师	
快递员	
会计	
医生	
警察	
服务员	

图 3-2　古今职业名称对比

二、职业的特征

一项社会活动被称为职业，除了必须具有一定的从业人数外，还应具备以下五个特征。

（一）目的性

目的性是指事物或行为所追求的指向性。从根本上讲，目的性源于个体或群体的需要和愿望。职业的目的性是指职业活动以获得现金或实物等报酬为目的。获得现金或实物既是从业人员从事职业活动的基本动机，又是从业人员从事职业活动的结果。当今社会，职业仍然是维持个人和家庭生存的基础。

（二）社会性

职业是从业人员在特定社会生活环境中所从事的一种与其他社会成员相互关联、相互服务的社会活动。从业人员需要承担生产任务，履行公民义务。职业并非人类一出现就存在的，而是社会分工的结果。每一种职业的产生都体现了社会分工的细化，体现了社会生产力的提高和社会的不断进步。因此，职业是从业人员的一种社会分工角色，是个人与社会结合的体现。从业人员通过从事职业活动为社会做出自己的贡献，社会也通过从业人员的劳动创造的财富积累而不断发展和进步。

（三）稳定性

职业在一定的历史时期内形成，并具有较长的生命周期。职业一直处在不断发展变化之中，随着生产力和社会分工的发展，新的职业不断出现。但是，职业一旦形成，便会在较长的一段时期内存在和发展。职业的生命周期具有相对稳定性，这是因为决定职业存在的社会条件的变化是比较缓慢的。职业的稳定性使人们学习、掌握专业知识和技能成为可能，也使人们规划和发展职业生涯成为可能。

（四）规范性

职业活动必须符合国家法律和社会道德规范。职业的规范性包含两层含义：一是职业内部的操作规范性，二是职业道德的规范性。不同职业的劳动者在劳动过程中都需要遵守一定的操作规范，这保证了职业活动的专业性。当不同职业对外展现其服务时，还存在一个伦理范畴的规范性，即职业道德。这两种规范性构成了职业规范的内涵与外延。

（五）群体性

职业必须具有一定的从业人数。当工作性质、职业环境、社会地位等相同或相似的从业人员达到一定数量时，职业群体（一种高度分化与严密的组织）就会形成。除少数职业的从业人员相对较少之外，大多数职业的从业人员都形成了较大规模的职业群体。

知识延伸

职业的生命周期

职业有自己特定的生命周期，像任何一个生命体一样，会经历诞生、发展、成熟与衰退的过程。随着社会生产力的发展，一些劳动行为开始由一定的劳动者完成并逐渐固定，新职业就诞生了。在职业的发展期，技术不断成熟与发展，从业者的劳动技能也不断提高，出现了职业群、职业规范等。职业成熟期的特征为有稳定的从业劳动者、劳动对象、职业群与成熟的职业技能。当职业跟不上社会发展需求时，职业会步入衰退期，从业人数逐渐减少，最终被社会淘汰。

三、职业的作用

（一）职业是个体的谋生手段

美国心理学家马斯洛认为生理需要是人类维持自身生存的最基本需求，包括衣、食、住、行等方面的需求。如果这些需求得不到满足，人类的生存就成问题。从这个意义上说，生理需要是推动人们行动的最强大的动力。职业活动的收入是个体的主要经济来源。职业作为人类参与社会生活、从事社会实践的主要手段，为人类提供了维持个人生存和家庭开支的重要物质基础，让人类得以繁衍和发展。

（二）职业是个体与社会交往的渠道

在社会感情方面，人都需要朋友、同事、家人的友谊、合作和关爱，希望能够成为其中的一员，从而得到关心和照顾；在尊重需要方面，人都希望自己有稳定的社会地位，个人的能力和成就能得到社会的认可。尊重需要比生理需要层次更高，是激励人们发挥潜力和热情的最大动力。通过从事某种职业，个体可以与他人交往，并在交往中获得他人的认可。这种认可可以是名誉、地位、权力等非经济利益，也可以是别人对自己的尊重和信任等精神力量。尊重需要得到满足，就能对自己充满信心，对社会充满热情，从而体验到活着的意义与价值。

（三）职业是个体实现人生价值的平台

自我实现需要是最高层次的需要，指的是实现个人理想、抱负，发挥个人的能力到最大限度，完成与自己的能力相符的一切事情的需要。在这个过程中，个体可以使自己逐渐成为所希望成为的人物。职业是个体发挥能力的重要载体，是个体在社会中生存和发展的重要手段。也就是说，人只有做称心的工作才会感到快乐，才会在事业上有所成就。此外，个体通过职业参与到社会劳动分工中，并在追求自我实现和发展的同时为社会做出贡献。

（四）职业是个体为社会创造财富的途径

职业分工及职业结构构成社会经济制度运行的主体。职业劳动创造出的社会财富不仅能够维持人类的生存与繁衍，还为社会的存在与发展奠定了物质基础。职业结构变动、人们为了追求未来的好职业而进行的人力投资、不同职业阶层间的矛盾冲突及解决等构成了推动社会发展的动力。

四、职业的构成要素

职业由职业名称、职业主体、职业客体、职业技能和职业报酬五个要素构成，如图 3-3 所示。职业名称是职业的符号特征，一般借助社会通用称谓命名。职业主体是指从事一定社会分工活动的劳动者，必须具有承担该职业所需的资格和能力。职业客体是指职业活动的工作对象、工作内容、工作方式、工作场所等。职业技能是指劳动者在从事职业活动中运用到的所有技术（如自然技术、社会技术、思维技术等）的总和。职业报酬是指从业者通过职业活动所取得的各种报酬。

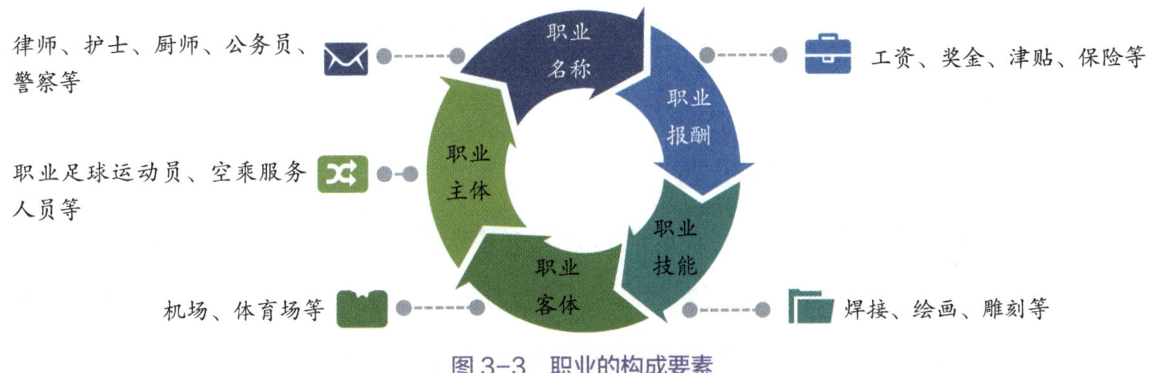

图 3-3　职业的构成要素

体验探究

调查父母及其他长辈的职业情况，将结果填入表 3-1 中。有条件的学生可以实地参观，进一步认识职业世界，了解职业的多样性，加深对职业的认识。

表3-1 职业情况调查结果

成 员	职业名称	工作对象	工作内容	工作场所	从业要求

五、我国职业发展的趋势

视频
新职业

当今社会，新产业、新业态、新模式不断产生，新职业也随之不断涌现，职业发展的趋势呈现出新的特点。

（一）新职业出现的频率加快

在职业产生初期，职业种类少，发展缓慢。随着社会的发展，社会分工越来越细，职业种类增加的速度逐渐加快。相关数据显示，自 2019 年以来，人力资源社会保障部会同有关部门共发布了 5 批 70 多个新职业。除此之外，我国还存在许多尚未被官方认可但从业规模已十分可观的新兴职业。新职业体现了新技术、新趋势、新需求，是观察经济发展新动向的一个风向标。

（二）职业的内容不断更新

同一职业活动不断更新内容，对从业人员的素质要求也越来越高。对于同样的职业，在不同的时代，工作内容会有很大的变化。旧的业务知识、技术方法会过时，被新的业务知识、技术方法取代。例如，对现代刑事警察的要求远比 20 世纪初对一般侦探的要求高得多，完成任务需要掌握现代知识并具备使用现代工具的本领，通晓法律和犯罪心理学，掌握侦探技术、电子技术、鉴定技术、擒拿技术、驾驶技术等，虽然职业类型没有变，但内容已有较大幅度的更新。现代职业除了专业性越来越强以外，还开始向综合化、多元化方向发展。

（三）职业的形式和工作时间趋于灵活与复杂

职业形式（如全职工作、兼职工作、多重职业、工作共享、远程办公、自由职业、自我创业等）不断丰富，工作时间（五天工作制、四天半工作制、朝九晚五、弹性工作制等）灵活多样。数字职业的不断增多反映了各行业数字化进程及数字经济发展趋势。

（四）职业日益专业化

在知识经济时代，生产工艺和管理手段日益现代化与高科技化，产品的科技含量越来越高，技术性工作将成为各行业的先导。个人若不具备一定的专业能力，达不到专业要求，则不能从事该职业。另外，职业的专业性、技术性和创造性越来越强，这就要求从业人员具有较高的素质和能力。

了解职业发展趋势，有利于大学生把握好个人职业目标的选择，找准个人职业生涯发展的方向，从而更好地适应变革中的社会职业环境，避免择业的盲目性。

案例阅读

整理收纳师林洁

小时候，林洁性格内向，最大的爱好就是收拾房间，那时候的她怎么也没有想到“收拾屋子”也能成为一种职业。在因找工作而倍感迷茫之际，林洁偶然接触到收纳师这个职业，她抱着试试看的心态向对方咨询，没想到开启了自己作为一名“整理收纳师”的职业道路。

在林洁看来，整理收纳师的工作并非只是整理房间，这里面的学问很多，需要自己不断学习才能适应现代人的生活新需求。深入了解这一行业后，林洁发现自己无师自通的那一套整理方法只是做好收纳工作的基础。刚做整理收纳师时，林洁只是按照家政公司的安排，到客户家中现场查看，完成简单的整理。后来，她发现客户的需求在变化，要求在不断提高，于是她就提前和客户沟通，先到家中实地查看，倾听客户的想法，再给出专业意见，甚至需要给客户提供一套包括家居改造、工具购买、色彩搭配等在内的全屋整理方案。

经过了一系列培训、学习和实践后，林洁取得了整理收纳师资格证。正是这个小小的证书，让她和普通的家政员拉开了距离，尤其是在收入方面。一般情况下，专业的整理收纳工作都是三四人一组，一名整理师、一名收纳师，其他人担任助手。整理师负责统筹规划、调度、决策、监督进度，收纳师负责教学、陈列、指导，助手负责做一部分代劳、记录工作。持证整理师工作满一定的时间，就可以评一级整理师。

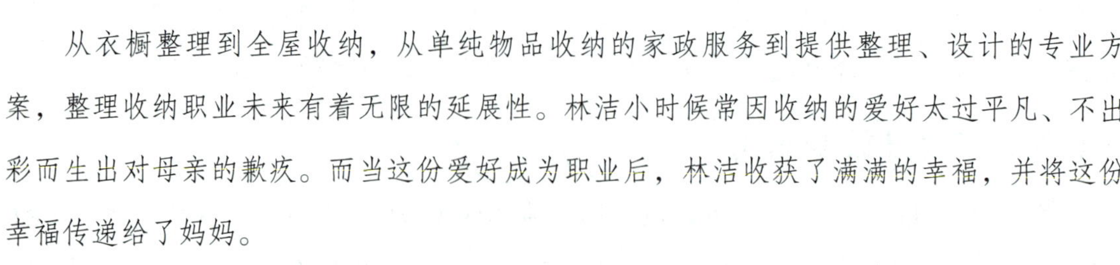

从衣橱整理到全屋收纳，从单纯物品收纳的家政服务到提供整理、设计的专业方案，整理收纳职业未来有着无限的延展性。林洁小时候常因收纳的爱好太过平凡、不出彩而生出对母亲的歉疚。而当这份爱好成为职业后，林洁收获了满满的幸福，并将这份幸福传递给了妈妈。

实训活动

寻觅消失的职业

随着电子商务、新媒体、人工智能等领域新职业的出现，必定会有一些职业消失，你知道有哪些已经消失或正在消失的职业吗？请以小组为单位寻找一个已经消失或即将消失的职业，借助多种途径（互联网、图书馆、档案馆等）查阅相关资料，撰写一份调查报告。调查报告可参考表 3–2。

表3–2　小组调查报告

小组成员		调查时间	
调查对象			
调查过程	简要记录调查研究的基本过程：		
调查现状	该职业的工作内容		
	该职业所需的技术		
	该职业的收入状况		
原因分析	分析导致该职业消失（即将消失）的原因：		
小组探讨	职业的消失对你有哪些启示？		

任务二

识别结构：职业分类与资格标准

学习目标

- 了解我国产业分类的基本情况
- 了解我国行业分类的基本情况
- 掌握我国职业分类的基本情况
- 掌握产业、行业与职业之间的关系
- 熟悉职业资格与职业标准的含义

情境导入

“新领”职业

“新领”职业是指由新一轮工业革命兴起带动出现的智能化、数字化、信息化的工作模式。其在带来数以万计新工作岗位的同时，也为人们提供了打开通往智能时代大门的一种渠道。随着新兴产业的发展，“新领”职业的种类正在不断丰富。“新领”职业和人工智能密切相关，就像电气革命创造了电力工人、铁路工人、汽车司机等新职业一样，信息革命也衍生出了程序员、电子商务客服等“新领”职业。新职业领域的明显趋势表现为数字技能成为个人基本要求之一。

问题与思考：

（1）什么是数字技能？

（2）你如何看待“新领”职业？

《中华人民共和国2023年国民经济和社会发展统计公报》显示，初步核算，全年国内生产总值1 260 582亿元，比上年增长5.2%。其中，第一产业增加值为89 755亿元，比上年增长4.1%；第二产业增加值482 589亿元，增长4.7%；第三产业增加值为688 238亿元，

增长 5.8%。第一产业增加值占国内生产总值比重为 7.1%，第二产业增加值比重为 38.3%，第三产业增加值比重为 54.6%。

视频
现代化产业体系

一、产业分类

产业是指具有某种同类属性的企业经济活动的集合。产业有多种不同的分类方式，我国目前采用的是三次产业分类法。第一产业的产品是自然物，直接取于自然界。第二产业多是对自然物进行加工的产业。第三产业是指除第一产业、第二产业以外的其他行业，即服务业。2018 年 3 月，国家统计局对《三次产业划分规定（2012）》中的行业类别进行了对应调整。三次产业划分的详情如表 3-3 所示。

表3-3　三次产业划分

名　称	类　别
第一产业	农、林、牧、渔业
第二产业	采矿业，制造业，电力、热力、燃气及水生产和供应业，建筑业
第三产业	农、林、牧、渔业及辅助性活动，开采专业及辅助性活动，批发和零售业，交通运输、仓储和邮政业，住宿和餐饮业，信息传输、软件和信息技术服务业，金融业，房地产业，租赁和商务服务业，科学研究和技术服务业，水利、环境和公共设施管理业，土地管理业，居民服务、修理和其他服务业，教育，卫生和社会工作，文化、体育和娱乐业，公共管理、社会保障和社会组织，国际组织

知识延伸

中国虚拟数字人产业

《新媒体蓝皮书：中国新媒体发展报告 No.14（2023）》显示，用户对虚拟数字人的市场认可和消费意愿使虚拟数字人强大的商业价值日益凸显，加之国家相关产业政策明确表示了对这一新兴产业的支持，新老互联网厂商纷纷加码虚拟数字人市场，2022 年虚拟数字人的市场应用呈现爆发态势。《虚拟现实与行业应用融合发展行动计划（2022—2026 年）》指出，到 2026 年中国虚拟现实产业总体规模将超过 3 500 亿元人民币。

二、行业分类

行业分类是指根据一定的科学依据，对从事国民经济生产和经营的单位或者个体的组织结构体系的详细划分。我国国民经济行业分类标准采用经济活动的同质性原则划分国民经济行业，即每个行业类别按照同一种经济活动的性质划分。国民经济行业分类是经济管理和统计工作的基础性分类。它为国民经济核算和各项专业统计提供了详细、科学的分类依据，为在统计上反映我国经济结构、产业构成以及国家宏观调控提供了统一、规范的经济活动分类标准。

《国民经济行业分类》（GB/T 4754—2017）中明确我国行业分类共有 20 个门类、97 个大类、473 个中类、1380 个小类；与 2011 年版相比，门类没有变化，大类增加了 1 个，中类增加了 41 个，小类增加了 286 个。2017 年版增加的主要行业类别如表 3-4 所示。

表3-4　2017年版增加的主要行业类别

类　别	增加内容
农、林、牧、渔业	种子种苗培育活动、畜牧良种繁殖活动、畜禽粪污处理活动
采矿业	海洋石油开采
制造业	生物质液体燃料生产、生物质致密成型燃料加工、基因工程药物和疫苗制造、特种玻璃制造、工业机器人制造、特殊作业机器人制造、增材制造装备制造、新能源车整车制造、高铁车组制造、可穿戴智能设备制造、智能车载设备制造、智能无人飞行器制造、服务消费机器人制造
电力、热力、燃气及水生产和供应业	生物质能发电、海水淡化处理
建筑业	节能环保工程施工、核电工程施工、风能发电工程施工、太阳能发电工程施工
批发和零售业	互联网批发
交通运输、仓储和邮政业	公共自行车服务、多式联运
住宿和餐饮业	民宿服务、露营地服务、外卖送餐服务
信息传输、软件和信息技术服务业	互联网生产服务平台、互联网生活服务平台、互联网科技创新平台、互联网公共服务平台、其他互联网平台、互联网数据服务、物联网技术服务、地理遥感信息服务
金融业	小额贷款公司服务、消费金融公司服务、网络借贷服务、创业投资基金、天使投资
租赁和商务服务业	园区管理服务、商业综合体管理服务、供应链管理服务
科学研究和技术服务业	工业设计服务、新能源技术推广服务、环保技术推广服务、三维（3D）打印技术推广服务、创业空间服务
水利、环境和公共设施管理业	土地管理业等

三、职业分类

职业分类是指以工作性质的同一性为基本原则，对社会职业进行系统的划分与归类。这里所说的工作性质是指一种职业区别于另一种职业的根本属性，一般通过职业活动的对象、从业方式等的不同予以体现。

2022 年 7 月，人力资源社会保障部向社会公示了《中华人民共和国职业分类大典（2022 年版）》（以下简称新版《大典》）。新版《大典》将近年来已发布的新职业纳入其中，增加或取消了部分中类、小类及职业（工种），优化调整了部分归类，修改完善了部分职业信息描述。新版《大典》将职业划分为 8 个大类（维持不变）、79 个中类、450 个小类、1639 个细类（职业）、2967 个工种。其中，绿色职业 134 个（标注为 L），数字职业 97 个（标注为 S）、既是绿色职业又是数字职业 23 个（标注为 L/S）。8 个职业大类如表 3-5 所示。

表3-5　8个职业大类

类　别	内　容
第一类	党的机关、国家机关、群众团体和社会组织、企事业单位负责人
第二类	专业技术人员
第三类	办事人员和有关人员
第四类	社会生产服务和生活服务人员
第五类	农、林、牧、渔业生产及辅助人员
第六类	生产制造及有关人员
第七类	军队人员
第八类	不便分类的其他从业人员

知识延伸

绿色职业

2015 年修订的《中华人民共和国职业分类大典》在充分考虑我国社会转型期社会分工特点、借鉴国际先进经验的基础上，对具有“环保、低碳、循环”特征的职业活动进行了研究分析，将部分社会认知度较高、具有显著绿色特征的职业标示为绿色职业（标注为 L）。绿色职业活动具有“环保、低碳、循环”等特征，注重生产生活与生态环境的可持续发展，主要包括生态环境监测、保护、治理，绿色新能源生产，废弃物回收与利用及与之相关的科学研究、技术研发和设计规划等。

体验探究

学生三人一组，组建学习小组，学习并分析产业、行业与职业三者之间的关系，完成表 3-6。

表3-6 产业、行业与职业的关系

联　系	区　别
示例：都是社会分工的产物	示例：层次不同（产业、行业、职业依次由高到低）

四、职业资格与职业标准

俗话说“隔行如隔山”，任何一种职业都有一定的技术要求，不同的职业所要求的技术的复杂、难易程度不同。一些职业对技术的要求相对简单，人们经过简单培训或学习即可掌握该技术；一些职业对技术的要求相对复杂，人们必须经过长时间的培训与专门学习，才能具备从业的资格。

（一）职业资格

职业资格是对从事某一职业必须具备的学识、技术和能力的基本要求。职业资格与职业活动密切相关，能更准确地反映特定职业的实际操作规范和工作标准以及劳动者从事该职业所达到的实际能力。

在我国，职业资格有两种分类方式。一是依据人员，职业资格可被划分为专业技术人员职业资格和技能人员职业资格；二是依据性质，职业资格可被划分为准入类职业资格和水平评价类职业资格。具体如图 3-4 所示。

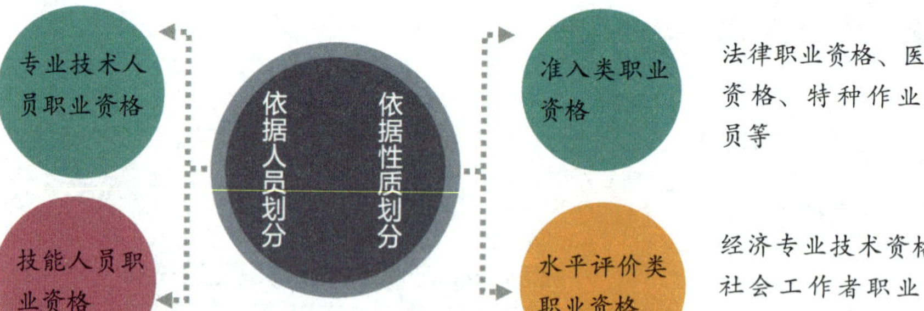

图 3-4　我国职业资格的分类

《国家职业资格目录（2021 年版）》中，专业技术人员职业资格共计 59 项（包括准入类职业资格 33 项和水平评价类职业资格 26 项），技能人员职业资格共计 13 项。准入类职业资格与公共利益相关，涉及国家安全、公共安全、人身健康、生命财产安全等，均有法律法规或国务院决定作为依据。水平评价类职业资格具有较强的专业性和社会通用性，对技术技能要求高，是行业管理和人才队伍建设所必需的。只有目录中的职业资格才是国家认可的职业资格。除了目录中明确的实施部门或单位之外，任何机构或单位均不得自行设置实施职业资格（包括准入类职业资格和水平评价类职业资格），不得变相开展资格资质许可和认定，不得自行开展冠以职业资格名称的相关活动。

2019 年 12 月，国务院常务会议决定分步取消水平评价类职业资格，推行社会化职业技能等级认定。除部分职业（工种）拟依法调整为准入类职业资格外，其他水平评价类职业资格拟全部退出《国家职业资格目录》，不再由政府或其授权的单位认定发证；同时，推行职业技能等级制度，由相关社会组织或用人单位按标准、规范开展职业技能等级评价，并颁发证书。

知识延伸

职业技能等级证书

职业技能等级证书是指由经人社部门备案的用人单位和社会培训评价组织在备案职业（工种）范围内对劳动者实施职业技能考核评价所颁发的证书，可登录技能人才评价证书全国联网查询网站查询。2022 年 3 月，《关于健全完善新时代技能人才职业技能等级制度的意见（试行）》将原有的五级技能等级延伸为八级，并建立起与职业技能等级（岗位）序列相匹配的岗位绩效工资制。

水平评价类职业资格退出《国家职业资格目录》，不是取消职业和职业标准，更不是取消技能人才评价，而是由职业资格评价改为职业技能等级认定，改变了评价发证主体和管理服务方式，主要实行“谁用人、谁评价、谁发证、谁负责”，真正发挥用人主体作用和社会组织作用。

《国家职业资格目录》中的职业资格有相应的职业资格证书。专业技术人员职业资格证书的获取需要通过专业技术人员职业资格考试。考试由政府部门统一组织或委托有关行业协会组织实施，以笔试为主。报考人员通过考试后，可以获得专业技术人员职业资格证书或考试成绩合格证明。技能人员职业资格证书需要通过技能人员职业资格鉴定。职业技能鉴定由《国家职业资格目录》中相应的实施部门（单位）组织。

体验探究

请查阅《国家职业资格目录（2021 年版）》，从中选出自己在大学期间可以考取的职业资格证书，将答案写在图 3-5 中。请想一想哪个证书更有利于自己未来的职业发展，职业资格证书是否多多益善。

图 3-5　我在大学期间可以考取的职业资格证书

（二）职业标准

国家职业标准是指由人力资源社会保障部发布的，基于职业分类对职业所需要的知识与技能做出的规定和要求，是开展职业培训和人才技能鉴定评价的基本依据。

国家职业标准以职业活动为导向，以专业能力为核心，尊重技术发展和人才成长规律，突出相关职业领域的核心理论知识、主流技术及未来发展要求，坚持整体性、等级性、规范性、实用性、可操作性原则，对各等级从业人员的工作领域、工作内容、知识水平、专业要求等职业活动进行了规范、细致的描述。

国家职业标准包括职业概况、基本要求、工作要求和权重表四个部分，其中工作要求是国家职业标准的主体部分。

职业概况是对本职业的基本情况的描述，包括职业名称、职业定义、职业等级、职业

环境条件、职业能力特征、培训要求、鉴定要求等内容。

基本要求包括职业道德和基础知识。职业道德是指从事本职业工作应具备的基本观念、意识、品质和行为的要求，如职业道德知识、职业态度、行为规范等。基础知识是指本职业各等级从业人员都必须掌握的知识，主要是与本职业密切相关并贯穿整个职业的基本理论知识、有关法律知识及安全卫生、环境保护等知识。

工作要求包括职业功能、工作内容、技能要求和相关知识。职业功能是指一个职业所要实现的活动目标或活动项目。工作内容是指个人完成职业功能所应做的工作。每项职业功能一般包含两个及以上的工作内容。技能要求是指个人完成工作内容应达到的结果或应具备的技能。相关知识是指个人完成每项操作技能应具备的知识。

权重表一般由理论知识权重表和技能操作权重表两张表组成。理论知识权重（表 3-7）反映了基础知识和各项工作内容的相关知识在培训考核中所占的比重。技能操作权重表反映各项工作内容在培训考核中所占的比重。

表3-7　理论知识权重（物业管理师）

项目/技能等级		四级 / 中级工	三级 / 高级工	二级 / 技师	一级 / 高级技师
基本要求	职业道德	5%	5%	5%	5%
	基础知识	20%	15%	10%	5%
相关知识要求	物业管理项目投标	—	—	10%	5%
	行政综合管理	12%	12%	8%	10%
	物业运维管理服务	18%	18%	15%	5%
	环境管理	18%	16%	13%	5%
	客户服务与公共关系维护	20%	15%	15%	10%
	物业资产管理	—	8%	4%	20%
	供应商管理	—	—	6%	5%
	质量管理	4%	8%	6%	15%
	风险管理	3%	3%	8%	15%
合计		100%	100%	100%	100%

案例阅读

道路清障员有了职业技能等级证书

2021 年 6 月 23 日，陈诚参加了“托吊型清障车发动机及底盘日常维护”“平板清障车背载与卸载小型客车”“清障安全作业区设置”3 个项目的实操考核和理论考试。考试完全模拟现场作业，操作每个项目时都有 3 名考评员在场。每个参试者的理论考试试卷都不一样。同年 7 月 9 日，陈诚领到了职业技能鉴定中心颁发的首批道路清障员职业技能等级证书。这份证书为清障员搭建了展示才干、实现价值的平台，打通了个人的成长通道，让人有希望、有奔头。

开展职业性质调查

请以小组为单位，参考表 3-8 开展调查，进一步明确职业的分类，掌握与专业相关的职业的性质并探讨相关问题。

表3-8 职业性质调查指导

步　骤	调查内容
1. 确定调查对象	挑选与自己专业相关的职业作为调查对象
2. 选择合适的调查方法	学生根据自己的实际情况选择适合自己的调查方法。可选择问卷调查、访谈、查找文献资料等多种途径开展调查
3. 撰写调查报告	学生将收集的信息进行归纳、整理与分析，从职业的定义、职业存在的意义、职业的主要任务、职业的主要责任等方面撰写调查报告。（以小组为单位提交一份报告）
4. 探究与思考	（1）你认为判断职业好坏的标准是什么？
	（2）你认为这一职业的发展前景如何？

剖析要点：专业与职业

学习目标

- 了解我国人才的分类情况
- 了解专业的含义
- 掌握专业与职业的关系

情境导入

谁说得对

某职业院校举办职业生涯规划大赛，一位英语专业的大三女生不以为然地说道："我学英语，以后出来做翻译，有什么好规划的？"别人问她："你了解翻译这个职业吗？你毕业后想做笔译还是口译？"她回答得很干脆："只要把专业知识学好了，还怕找不到翻译工作吗？"

问题与思考：

（1）这位女生说得有无道理？

（2）学什么专业就从事什么职业，真是这样吗？

（3）专业与职业的关系是怎样的？

（4）你如果不喜欢所学的专业，应该怎样规划职业路线？

当今时代，大学生不管学什么专业、从事什么职业、身处什么岗位，只要是通过自己的努力，用自己的双手去创造价值，都能成为人才。人人都有施展才华的机会。

一、我国人才的分类情况

人才是指具有一定的专业知识或专门技能，进行创造性劳动并对社会做出贡献的人，是能力和素质较高的劳动者。人才兴则民族兴，人才强则国家强。历史和现实表明，人才是社会文明进步、人民富裕幸福、国家繁荣昌盛的重要推动力量，是经济社会发展的第一资源。目前，我国的人才分类情况如下。

（一）国家对人才实施分类管理

《全国广播电视和网络视听“十四五”人才发展规划》以习近平新时代中国特色社会主义思想为指导，深入贯彻落实习近平总书记关于宣传思想工作和做好新时代人才工作的重要思想，深入实施新时代广播电视和网络视听人才发展战略，提出培养一批广播电视和网络视听领域的战略科学家、卓越工程师、文学艺术家、全媒型专家型新闻传播人才，在重点领域涌现一批高层次、创新型、复合型、领军型人才和优秀青年人才的发展目标。

《技工教育“十四五”规划》指出，加强高技能人才和能工巧匠培养，注重德技并修、多元办学、校企合作、提质培优，实现创新发展，建设现代技术工人培养体系，培养德智体美劳全面发展的社会主义建设者和接班人，为全面建设社会主义现代化国家提供高素质技能人才支撑；重点培养技师、预备技师、高级工等高技能人才。

《会计行业人才发展规划（2021—2025 年）》指出，面向经济主战场、面向国家重大战略需求，培养高层次会计人才，重点加强企业总会计师、行政事业单位财务负责人、会计师事务所合伙人、会计教学科研人才、国际化会计人才的培养。

《知识产权人才“十四五”规划》指出，围绕满足知识产权各类人才需求的目标，做好四支重点人才队伍和一支基础人才队伍建设。建设一支政治素质高、业务能力强的专业化高水平知识产权保护人才队伍；打造一支能够促进知识产权资本化和产业化的知识产权高效运用人才队伍；培养一支理工、管理、法律等学科背景的复合型高素质知识产权公共服务人才队伍；培养和选拔一支拥有国际视野，具有丰富国际交流经验和处理国际事务能力的知识产权国际化人才队伍。同时，加强知识产权审查、宣传等各级各类基础人才队伍建设。

《“十四五”农业农村人才队伍建设发展规划》指出，到 2025 年，初步打造一支规模宏大、结构优化、素质优良、作用凸显，以主体人才为核心、支撑人才和管理服务人才为基础的农业农村人才队伍。重点培育农村基层组织负责人、家庭农场主、农民合作社带头人三支队伍；重点做强农业科研人才、社会化服务组织带头人、农业企业家、农村创业带头人四支队伍；重点培育农业综合行政执法人才、农村改革服务人才、农业公共服务人才三支队伍。

《“十四五”中医药人才发展规划》指出，到2025年，中医医师、中药师、中医护士和中医技师等中医药专业人才队伍基本建立。加强中医药高层次人才队伍建设：壮大中医药领军人才，培育中医药青年拔尖人才，集聚多学科交叉创新人才，培养高层次中西医结合人才。加强基层中医药人才队伍建设。推进中医药专业人才队伍建设。统筹加强其他重点领域中医药人才培养等。

知识延伸

科学的人才观

党的二十大报告强调：“教育、科技、人才是全面建设社会主义现代化国家的基础性、战略性支撑。”[①]一个社会的人才观影响着人才的成长，也事关国家的未来。要想树立科学的人才观，首先要打破社会上对一些职业、学历等的偏见，在全社会树立“三百六十行，行行出状元”的普遍共识，让不同专业特长、不同职业岗位、不同能力水平的各方面人才各得其所、各展其长；其次，每个人都应努力找准个人条件和社会需求之间的定位，不负韶华，砥砺奋进，以期在沃土中成长为栋梁之材。

（二）学术型人才与应用型人才

根据高校培养目标的不同，可以将人才划分为学术型人才与应用型人才。

1. 学术型人才

学术型人才是指研究客观规律、探索科学原理的人才。其主要任务是将自然科学和社会科学领域中的客观规律转化为科学原理。这类人才的知识结构主要由基础科学（如数学、物理、化学等）的知识体系组成。这类人才进行的研究活动与社会生产生活的关联性不是很密切。这类人才主要是探求事物的本质和规律，以客观规律为研究对象从事学术性的工作。

① 习近平．高举中国特色社会主义伟大旗帜　为全面建设社会主义现代化国家而团结奋斗：在中国共产党第二十次全国代表大会上的报告[M]. 北京：人民出版社，2022：33.

2. 应用型人才

应用型人才是指利用科学原理为社会谋取直接利益的人才。其主要任务是把在课堂中、书本上、实践中所获得的各类成熟技术直接用于与社会生产生活密切相关的社会实践领域。这类人才的知识结构主要由应用科学的知识体系组成。应用型人才可以分为工程型、技能型、技术型三类。

（1）工程型人才。工程型人才是指把学术型人才所发现的科学原理转化成可以直接运用于社会实践的工程设计、工作规划、运行决策等的人才。这类人才适合的代表性职业有建筑师、软件设计师、统计师、经济师、会计师等。

（2）技能型人才。技能型人才是指在生产一线或工作现场通过实际操作将工程型人才设计出来的图纸、计划、方案等转变成具体产品的人才。这类人才适合的代表性职业有技工、商贸服务人员等。

（3）技术型人才。技术型人才介于工程型人才和技能型人才之间，处于生产一线或工作现场，主要负责组织管理生产、建设、服务等实践活动以及技术工作。在生产现场从事技术工作和管理工作的人才是技术型人才的代表。

体验探究

从三星堆考古现场的年轻人，到在群山深处默默坚守的“探天者”，从返乡创业的“新农人”，到古老长城的守护者……我国各项事业的发展需要源源不断地注入青春动力。请自由组建学习小组（以4~5人为宜），探讨自己未来学习的主攻方向及职业发展方向，完成表3-9的填写。

表3-9 小组探讨指南

问　题	答案及原因	自己的优势
你想成为学术型人才吗		
你想成为应用型人才吗		

二、专业的含义

汉语中的“专业”大致有两个方面的含义。一是指学业分类，《辞海》对“专业”的解释是：“在教育上，指高等学校或中等专业学校根据社会专业分工的需要设立的学业类别。各专业的教学计划，体现本专业的培养目标和要求。”[①] 二是指专门性职业，如学者周川认为，广义的专业是指某种职业不同于其他职业的一些特定的劳动特点，狭义的专业是指某些特定的社会职业；学者王沛民认为，专业是在社会的各行各业中相对于“普通职业”的“专门职业”。“大众教育”阶段的高校专业是社会分工、学科知识和教育结构三位一体的组织形态。其中，社会分工是专业存在的基础，学科知识是专业的核心，教育结构是专业的外在表现形式，三者紧密结合，共同构成高校人才培养的基本单位。专业是根据学科分类和社会职业分工需要分门别类进行专门知识教与学活动的基本单位。专业在一定程度上与职业相关，但绝不等同于职业。专业是相对于学科而言的，具有一定的稳定性。

三、专业与职业的关系

专业教育培养的人才具有明确的职业导向性，这使专业与职业既存在共同之处，又有本质的区别。专业与职业的关系主要体现在以下几个方面。

图文
职业教育专业简介

（一）一个专业可以对应几个相关的职业群

在学业规划中，专业的选择十分重要。专业的选择取决于学习主体对毕业后人才需求趋势的认识以及对自身具备的资源与优势的判断。从理论上讲，专业的选择应该以职业为标准，所选择的专业应当与职业所需的知识、技能相适应。实际上，专业与职业之间可以是直接对应关系，也可以是间接对应关系。例如，“同声传译”专业与“同声传译”职业是高度匹配的，这个职业需要进行非常专业化的训练。物流专业可以对应多个职业群，如专业化物流公司、国内商贸流通公司、电子商务物流公司、企业物流配送中心等组织的物流系统优化组织设计及物流经营管理工作，或者企事业单位、工商贸易管理部门、电子商务物流公司、第三方物流公司、交通运输等组织的物流管理工作。计算机专业对应的职业群为硬件、网络安全、软件开发、电子商务等。建筑专业对应的职业群为建筑师（建筑设计、

① 夏征农，陈至立．辞海：彩图本[M]．6版．上海：上海辞书出版社，2009：3036.

规划)、土木工程师(设计与管理建筑物、道路等)、制图员(根据工程师和建筑师的设计说明准备草图)、机械工程师(计划与设计工具、机器和发动机等)、测量员(为建筑场所和地图绘制收集与测量数据)。

职业群一般由基本操作技能相通，工作内容、社会作用及对从业者素质要求接近的若干岗位构成。职业群按横向划分，表现为相同的职业存在于不同的产业或行业之中，如计算机专业所对应的职业群广泛分布于国民经济各个产业和行业之中。职业群按纵向划分，表现为同一职业存在于同一行业内若干个不同的岗位及其可能晋升的职务上。例如，计算机专业的职业发展路线为软件开发工程师—软件架构设计师或高级软件工程师—白盒测试、性能测试、自动化测试工程师—品质主管—技术开发部经理。

(二)专业与职业有时不匹配

一个人无论是主动还是盲从、被动选择了某一专业，都无法保证这一专业一定与自己将来要从事的职业或事业匹配，此时就会出现专业与职业不匹配的现象。出现这种现象的原因主要有：不考虑自身的兴趣爱好及特质，依据亲朋好友的意见或建议盲目选择专业；依据劳动力市场供需状况、社会地位、经济收入等外在条件盲目选择专业；因高考分数不够而被调剂到自己不喜欢的专业；等等。

体验探究

请以班级同学为调查对象，通过他们对图 3-6 中几个问题的回答，分析他们对专业与职业之间关系的认知情况，并撰写一份不少于 200 字的调查报告。

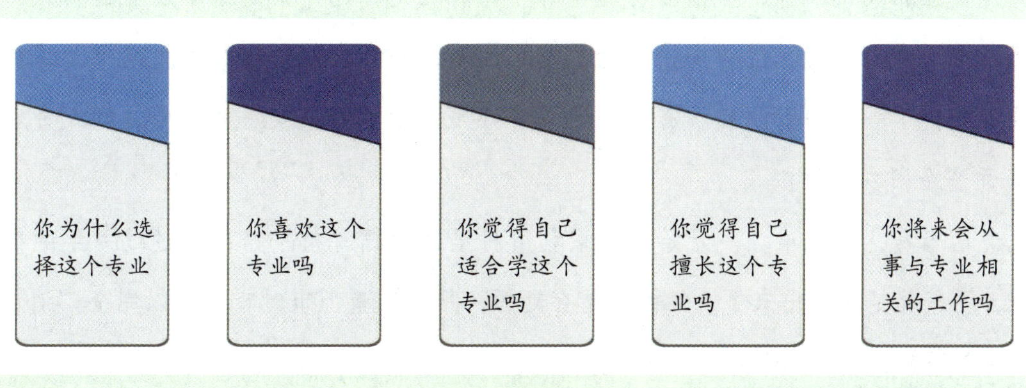

图 3-6　调查小问卷

四、职业专业化

职业专业化是我国新时期大学教育改革发展的方向。所谓专业化，是指普通职业逐渐符合专业标准，成为专门职业并获得相应专业地位的过程。面对严峻的就业形势，大学生要想迈好职场第一步，关键是提升自身的专业化水平，提高职业化素质。对此，可以从以下两个方面着手，实现职业和专业的有机结合。

（一）积极构建和开设个体职业专业化的课程

个体的专业积淀是在掌握知识、技能的过程中形成和发展的，是通过学习高校开设的相关专业课程实现的。因此，学校有必要构建和开设大学生认识能力课程、自学能力课程、创新能力课程和实践能力课程，使学生通过学习这些课程，真正实现理论知识与实践能力的有效衔接。

（二）充分运用目标管理方法实现个体职业专业化

大学生要充分发挥自主管理的能力，抓住施展个人才华的机会，感受学习和生活的兴趣与价值，享受学习和生活的满足感与成就感，按期完成能力培养目标，使职业与专业有机结合。

案例阅读

“90后”大学生的“返乡创业经”

刘蒙利是一名“90后”大学生。他大学毕业后赴苏州工作，从事与自己所学的土木工程专业相关的工作，各方面待遇也都不错。但是，他一直想做个创业追梦人，这个想法在大学期间就已经萌发，但苦于资金问题，一直未能付诸行动。苏州的工作让刘蒙利积攒了一定的创业启动资金。2019年年底，他和好朋友一拍即合，俩人带着约40万元资金回乡创业。

说话容易，行动难。一开始，刘蒙利用村里的大棚种植平菇，经过近一年的摸爬滚打，平菇算是生产出来了，但由于储存期短，平菇大量上市时市场难以完全“消化”，结果一年下来，投入几十万元的他仅保了本。

2022年年初，刘蒙利外出考察学习，决定放弃平菇种植，改种珍稀名贵食用菌羊肚菌。刘蒙利没有种植羊肚菌的经验，这意味着一切都要从头开始。在新赛道上奔跑并不容易，他的第一罐菌种培育失败。对此，刘蒙利没有泄气，而是在村集体专项资金的支持下，请专家现场指导，开始对菌种培育各个环节进行整改。功夫不负有心人，羊肚菌种培育成功，80 多亩（1 亩 ≈ 666.7 平方米）羊肚菌的产值达 300 万元。他将自己的种植经验复制推广给村民，带动大家一起致富。

实训活动

规划探索阶段任务清单

本活动能帮助学生进一步掌握规划探索阶段任务清单的方法，促进学生养成良好的规划习惯。请参考表 3-10 填写自己的阶段任务清单（生活、学习、休闲、运动等方面均可），并围绕相关问题展开讨论。

表3-10　阶段任务清单

任务名称	任务目标	任务内容	价值评论
任务一：			
任务二：			
任务三：			
任务四：			
任务五：			
任务六：			

续表

任务名称	任务目标	任务内容	价值评论
任务七：			
任务八：			

问题探究与讨论
（1）你认为阶段任务清单对你有无帮助？ （2）有效的阶段任务清单包含哪些内容？ （3）规划阶段任务清单应遵循哪些原则？

项目四 定位·做出职业决策

寄语

好的选择就是选择符合长远时间观的事情。一个拥有长远时间观的人会更加关注未来，知道自己要什么，不要什么；面对困难时，能从自我发展的高度看当下；处于困境时，能消除许多抵触情绪，积极地面对。

思维导图

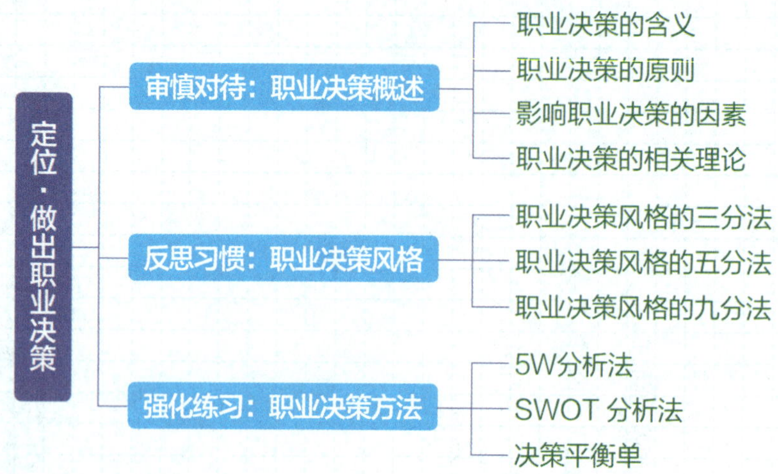

课前热身

送礼品活动

某宣讲会现场组织了一次送礼品活动，有资格参加掷骰子的人必须在 10 分钟内做出选择，奖项及活动规则如图 4-1 所示。如果你有资格参加，你会选择哪个选项？你在做出这个决策时是如何考虑的？请将你的想法分享给同学。

在全国任意一个 5A 级景区游玩两天（全程免费）。要求：掷骰子三次，若三次均为 6 点，即可获得本奖项。

在本地任意一个 5A 级景区游玩两天（全程免费）。要求：掷骰子一次，若点数为 6，即可获得本奖项。

放弃游玩机会，选择领取礼物（三件套：畅销书 1 本、精美笔记本 1 个、精品钢笔 1 支）。要求：掷骰子一次，若点数等于或大于 3，即可获得本奖项。

图 4-1　奖项及活动规则

任务一

审慎对待：职业决策概述

学习目标

- 掌握职业决策的含义与原则
- 了解影响职业决策的因素
- 了解职业决策的相关理论

情境导入

成功的选择

杨玲丽是某商务职业院校人力资源管理专业学生。大二时，她就做出了毕业后直接工作的决定。因此，在大二、大三时，她一有机会就参加校外实习，不断丰富自己的履历。她所选的实习岗位多与自己的专业相关。除参加校外实习外，她还努力钻研专业知识，向老师请教疑难问题；积极参加社团活动，并担任校博物馆讲解员，锻炼人际交往、团队合作能力；参加学校的“职慧”课程，学习求职、面试技巧，由内而外地提高个人能力。通过这些努力，毕业那一年，她成功签约国内一家大型物流快递企业。

问题与思考：

（1）杨玲丽成功就业的原因有哪些？

（2）杨玲丽在职业规划上有哪些值得你学习的地方？

一个人过去所做的决定与选择导致了今天的结果。每个人都会从各种可能的选择中挑出自己所需要或喜爱的，决策不可避免，职业决策也不例外。

一、职业决策的含义

职业决策是职业生涯规划过程中举足轻重的环节，是在认识职业环境和认识自我的基础上，从众多的工作领域和工作机会中做出合理的分析与筛选。职业决策制定得可行与否直接影响个体职业生涯发展是否顺利。错误的职业决策会对个人职业生涯造成不利的影响，甚至会妨碍个人事业成功。职业决策是一个复杂的过程，对职业的了解与对自我的探索为个人职业决策提供了可参考的信息，合理利用这些信息进行决策是个人科学地进行职业生涯规划的前提。

知识延伸

WRAP 决策流程

美国学者奇普·希思（Chip Heath）、丹·希思（Dan Heath）在《行为设计学：掌控关键决策》一书中提出“WRAP 决策流程”。“WRAP 决策流程”是一个基于常见的思维陷阱提出的决策分析工具。这一观点认为，WRAP 决策流程包含图 4-2 所示的四个阶段。通过这四个阶段的训练，人们能够关注到被忽略、抵触的一些事情或信息，从而做出正确决策。

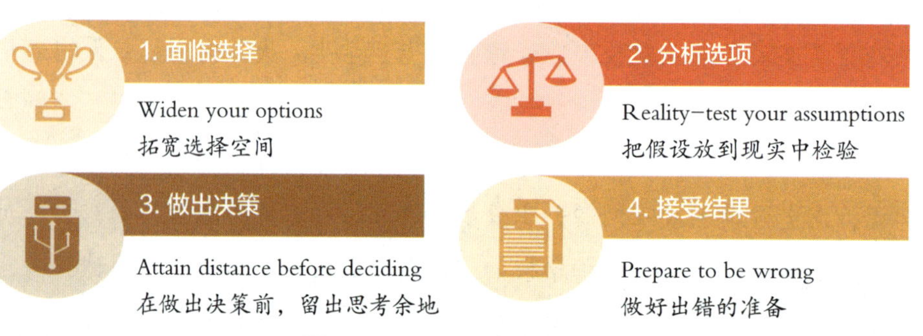

图 4-2　WRAP 决策流程

二、职业决策的原则

职业决策的原则反映了决策过程的客观规律和要求，是决策工作中需要遵守的基本准则。

（一）客观原则

客观原则是指要依据个人素质条件、社会需求的现实状况及现实的不确定因素等进行职业决策。个人素质条件既包括个人智力、身体素质等客观条件，又包括个人的知识结构、认识方法、立场观点、思维方法、心理素质等主观条件。

社会需求是人们在社会生活中受社会制约的高级需要，是所有社会成员作为一个整体共同提出的，不是个别社会成员单独提出的。社会需求具有集中性，依托政治权力，动用强制性的手段，由整个社会集中执行和组织。大学生在进行职业决策时，要以社会需求为出发点、以社会准则为前提来确定自己的职业，将个人意愿与社会需求结合起来，自觉服从社会需求。

面对现实中诸多不确定的因素，大学生需要不断增强自身的心理素质、道德素质、科学文化素质等，树立正确的价值观导向。大学生要不断提高自身的综合素质及能力，让自己有较强的应对能力，克服不确定因素对职业决策的影响，进而做出合理的职业决策。

（二）主次原则

职业决策就是对自己所从事的职业的种类、方向、目标进行选择和确定的过程。不同职业所对应的工作环境、生活条件、薪酬待遇、地域环境等会有所不同，甚至有很大的差异。大学生应遵循主次原则，明确自己的职业价值观，从是否有利于发挥自己的才能、是否符合社会需求出发，抓住主要的、现实的、合理的条件做出合理的决策。

视频
布里丹毛驴效应

（三）比较原则

比较原则体现在职业决策的两个方面：一是个人与岗位的相互比较，要综合考虑自己的能力、特长、优势等情况选择职业和岗位，最大限度地发挥个人优势；二是不同职业间的比较，在社会分工中，劳动对象、劳动工具以及劳动的支出形式各有特殊性，这种特殊性决定了职业之间的区别。大学生应积极将职业要求具体化，仔细分析自己的创新亮点、奋斗目标、在某领域或专业上的发展优势，做好比较，澄清区别。大学生只有最大限度地发挥自己的优势，才能卓有成效地开创未来。

体验探究

请认真回忆自己生活中经历过的重大变化，写在图 4-3 中，并围绕相关问题与同学进行分享和探讨。

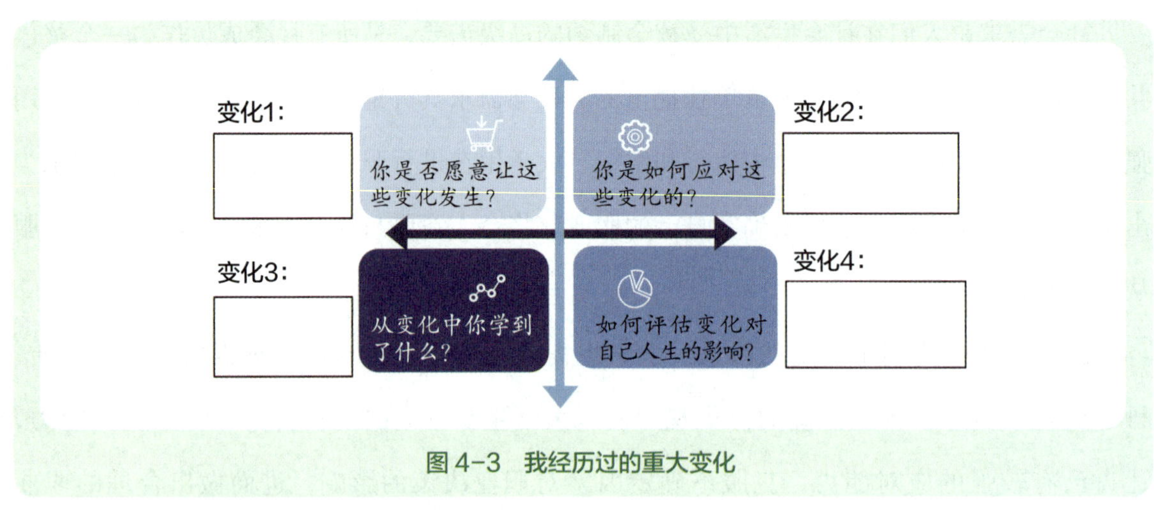

图 4-3 我经历过的重大变化

三、影响职业决策的因素

一个人的职业决策风格没有好坏之分，不同职业决策风格的人做出的职业决策会产生不同的决策效果。影响职业决策的因素是多方面的，既有外在原因，也有内在原因。

（一）影响职业决策的外因

1. 家庭

个人的职业决策常常受家庭的影响。一方面，子女必然会受到家庭职业传统的影响；另一方面，父母的价值观、态度、行为、人际关系等对子女的职业选择也有着直接或间接的影响。家庭背景和家庭环境直接影响大学生的职业决策。家庭成员对大学生职业决策的态度也存在差异。

2. 社会

地域因素是影响大学生职业决策的重要因素之一，很多大学生倾向于选择市场化水平和经济发展水平相对较高的地区。另外，职业声望受到社会的强有力制约，会对大学生的职业心理产生直接或间接的影响，尤其是当大学生对工作世界的探索还不够全面时。

3. 政治环境

任何人的职业选择和职业发展都无法摆脱政治经济形势、产业结构变动和社会环境中流行的工作价值观等因素的影响。国家政策具有导向、调控、约束的功能，政治制度和氛围与经济是相互影响的。政治会影响国家的经济体制，进而影响企业的组织体制，从而直接影响个人的职业发展。

体验探究

每个大学生毕业时都会面临这样的选择：升学还是就业？如果让你对这个问题做出决策，这个决策权属于谁？在这个问题的决策过程中，影响你做出决策的最重要因素是什么？为什么？请将你的最终选择写在图 4-4 中。

图 4-4　我的选择

（二）影响职业决策的内因

1. 心理特征

心理特征因素是影响职业决策的关键因素，主要包括性格、气质特征，兴趣倾向、能力特长和价值观等。性格、气质、能力，甚至兴趣都会影响一个人对职业的适应程度，不同兴趣、性格、气质、能力的人适合不同种类的工作。制订职业生涯规划时一定要认真分析自己的优缺点。例如，从事自己擅长的、喜欢的工作，不仅心情愉快，还容易脱颖而出。

2. 受教育程度

每个人的人生都是独一无二的，个人的性别、年龄和教育背景等会对职业决策产生影响。受教育程度会对个人知识结构、职业能力和职业价值观等产生重要影响，也直接左右着个人的职业决策。

3. 决策时的状态

个体只有保持身体、情绪、精神状态等方面处在最佳状态，才能最大限度地应对决策过程中的诸多障碍；只有有针对性地收集相关信息，并进行理性、科学的分析，做出合理的决策，才会最大限度地避免错失良机。

4. 决策风格

职业决策伴随职业发展全过程，贯穿个人职业生涯始终。每个人在职业发展中需要面对不同的任务和情景，也就需要不断地做出职业决策。而决策者的决策风格直接影响着职业决策，具有不同决策风格的人做出的决策结果可能是不一样的。当然，决策风格没有绝对的好坏之分，在不同条件之下需要综合运用。

四、职业决策的相关理论

职业决策的相关理论既受经典的统计决策理论的影响，又受经济决策理论和心理决策理论的影响。职业决策本身异常复杂，加之不同学者所持立场不同，职业决策的相关理论呈现出多元化的特点。

（一）生涯决定理论

泰德曼（David Tiedeman）提出了生涯决定理论，该理论注重描述职业决策的历程，强调个人生涯抉择的复杂性与独特性。生涯决定理论指出，职业决策是一个完整的过程，其分为两个阶段、七个步骤。其中，第一个阶段的主要任务是做出职业决策，而第二个阶段则是对第一个阶段决策的实践和检验，具体如表 4–1 所示。

表4–1　职业决策的阶段与步骤

阶　段	步　骤	内　容
第一阶段：预期阶段	1. 探索	对不同的选择方向及可能的目标进行认真分析和思考
	2. 具体化	经过对各种选择方向或可能目标的优缺点进行分析，确定几种备选方案
	3. 抉择	选定一个可以消除当下所受困扰的方案
	4. 明确化	对选择的方案做进一步的检验
第二阶段：履行和调整阶段	1. 定向	开始执行自己的选择，在新的环境中争取得到他人的接纳
	2. 转化	调整心态，专心致志，肯定在新环境中的角色，全力以赴
	3. 整合	个体的信念与集体的信念达到平衡和妥协

生涯决定理论认为，职业决策是与个体的心理发展同时进行的，个体只有通过系统地解决问题，以整体认知能力为基础，把独特性与职业世界的独特性结合在一起，才能做出合理的职业决策。

对决策结果的合理性判断，要突出现实性标准。决策结果的合理性是指决策结果符合现实。泰德曼认为，现实可以分为个人现实与集体现实。个人现实是一种感觉，使决策者觉得自己所做的决定是正确的、恰当的，过程是朝着符合自己需要的方向发展的。集体现实是指别人认为决策者该如何做，包括专家的意见和其他重要人物的意见。对于根据集体现实做出的决定，也许别人会满意，但当事人不一定满意。

（二）认知信息加工理论

认知信息加工（cognitive information processing，CIP）理论是由彼得森（Gary Peterson）、桑普森（James Sampson）和里尔登（Robert Reardon）提出的。该理论吸收了认知行为干预、决策制定策略等方法的精华，提出了认知信息加工金字塔和 CASVE[①]循环两个核心观点。

1. 认知信息加工金字塔

认知信息加工理论认为，可以通过教授个体必要的职业与生活规划技能而帮助其成为足智多谋和有责任心的职业问题解决者及职业决策者。有效解决问题所必需的知识和技能可以被看作一个按等级排列的金字塔，如图 4–5 所示。

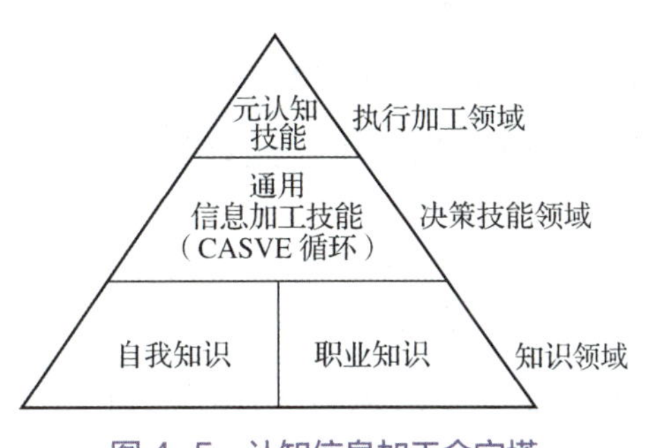

图 4–5　认知信息加工金字塔

自我知识和职业知识构成了这个金字塔的底部。金字塔的第二层是决策技能领域，包括从问题识别到执行决定的程序性知识。拥有大量有关职业选择方面的信息或知识以及知道如何在决策情境中使用这些信息是很重要的，但这还不足以有效地解决生涯问题。

元认知技能是金字塔顶部的内容。元认知是指一个人对自身的决策过程和思维方式的认识，元认知技能是指个体对自身思维过程进行认识的能力。金字塔的顶部是执行加工领域，执行加工领域是认知信息加工理论中最独特的部分。执行加工领域中的高级认知加工过程——元认知具有选择、发动、调整和对监控信息进行储存与回忆的功能。

① CASVE 是 communication（沟通）、analysis（分析）、synthesis（综合）、value（评估）、execution（执行）五个英文单词首字母的组合。

2.CASVE 循环

CASVE 循环是一种职业生涯规划决策技术，包括沟通、分析、综合、评估和执行五个步骤，各步骤之间有着层层递进的关系，如图 4-6 所示。

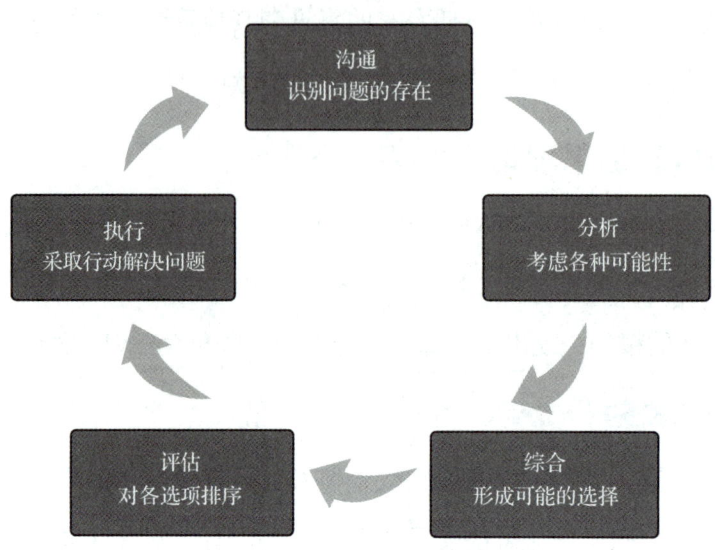

图 4-6　CASVE 循环步骤示意

通过改进这五种认知信息加工技能，个体可以提高职业决策能力。

在沟通阶段，个体应该意识到需要做出就业决定，并找出目前状态和理想状态之间的差距。一般来讲，个体必须在恰当的时机对线索做出反应，只有这样，才能抓住最佳机会。

在分析阶段，个体需要利用已获取的自我知识和就业选择知识分析和理解目前状态与理想状态之间的差距，思考在做出重要决策时应使用的典型方法。因此，自身积极和消极的想法将影响问题的解决和决策过程。实际上，分析阶段本身就是一个循环，个体思考自己所知道的，然后获得信息，最后思考自己所学到的。

在综合阶段，个体一般需要先扩大再缩小在职业决策中考虑的就业决定。扩大就业决定有两个方法：一是将曾经考虑过的行业、职业和职位列在一张表上，二是使用各种信息资源来帮助个体产生各种选择。缩小就业决定是指保留有助于缩小目前状态和理想状态之间的差距的职位。

在评估阶段，个体需要根据综合阶段缩小后的少数就业决定进行顺序排列，逐一判断这些职位能不能满足自己的需要，然后选择合适的职位。如果这些选择都无法满足自己的需要，个体可以继续搜索潜在的、更合适的就业机会。

在执行阶段，个体不得不采取行动落实自己的选择，要先申请这个职位（写简历、求职信，掌握面试技巧等），接受这个职位，再回到沟通阶段。这时，个体需要检查内部和外部线索，看看最初的就业差距是否已经被成功消除；如果线索表明问题依然存在，就要回到分析阶段，以便更好地理解差距，继续发展另一个选择列表。

（三）社会学习理论

美国学者库伦伯茨（John Krumboltz）吸取经典决策理论和班杜拉（Albert Bandura）的社会学习理论的精华，提出了职业决策的社会学习理论。他以社会学习的观点来解释人类职业生涯选择的行为，特别强调社会因素和学习经验对职业生涯选择的影响。库伦伯茨认为有四类因素会影响一个人的职业决策，它们分别是遗传天赋、环境、学习经验以及任务进行技巧。其中，环境包括社会因素、教育条件和职业条件，而任务进行技巧是通过遗传天赋、环境以及不同学习经验的交互影响形成的，包括目标设定、价值澄清、确认选择方案以及职业信息的获得等。按照社会学习理论的观点，上述四类因素不断地交互影响，形成个体对自己的能力、兴趣、价值观的推论以及对世界的推论和个体的任务进行技巧。而个体的行为是综合以前所有的学习经验、自我与世界的推论以及具备的各种能力的结果。

基于对环境影响作用的重视，社会学习理论把职业决策看作一个终身的过程，认为职业决策不只是发生在人生中的某一阶段，而是由从出生到退休连续不断的各种事件与任务进行技巧决定的。它把职业决策分为界定问题、设立行动目标、澄清价值、认同替换、发现可能的结果、系统地消除可选项和开始行动七个步骤。同时，该理论认为职业生涯的选择是一种相互的历程，这种选择既反映个人自主的选择结果，也反映社会所提供的就业机会与要求。因此，大学生必须在教育与职业生涯辅导中重视职业生涯决策技巧的作用。由此可见，社会学习理论既是描述性的，也是解释性的，因为它既描述了职业决策的过程，也解释了影响职业决策的因素。

（四）PIC[①]模型

PIC 模型在 20 世纪 80 年代末期被提出，后来以色列心理学家盖蒂（Itamar Gati）等人对这一模型进行了矫正和修改，最终形成完善的 PIC 模型。

PIC 模型是一种在决策方案之间做出选择的方法。根据该理论的观点，决策方案的选择通常是多属性的。例如，对选购图书的决策来说，可以根据图书的价格、内容、纸张、出版社等属性进行描述。决策者在选择过程的每一阶段，要挑选出某一属性或某一方面，根据其重要性

① PIC 是 prescreening（排除阶段）、in-depth exploration（深度探索阶段）和 choice of the most suitable alternative（选择阶段）英文词组首字母的组合。

做出评价，对不符合决策要求的属性予以排除，即不在以后的比较选择中加以考虑。

PIC 模型根据不同的目的、过程和结果，将职业决策过程分解成三个主要阶段。

（1）排除阶段：职业世界为人们提供了大量的接受教育培训和工作的机会，但我们在对职业做出选择时可能会感到困惑。为了消除困惑，本阶段的目的就是根据个人偏好，排除那些与个体偏好不兼容的职业，从而得到少量的、可操作的部分“有可能的方案”。

（2）深度探索阶段：通过对“有可能的方案”进行深度探索，产生一些合适的方案，确定一些既有希望又适合个体的职业。

（3）选择阶段：基于对所有合适方案的评估和比较，挑选最合适的方案。

尽管 PIC 模型作为规范性的职业决策模型有很多优点，但是必须承认该模型存在一定的弊端，即纯粹从认知的观点出发来处理职业决策过程，忽略了职业决策过程中的情感因素。大量的研究已经表明，情感对决策有很大影响。情感不仅对职业决策前的准备状态有影响，而且对职业决策过程中的每个阶段都会产生影响。

案例阅读

走出来的美丽人生

每个人的一生中或多或少都会遇到坎坷、挫折或磨难，对此，是选择坚强应对还是选择逃避？不同的选择决定了不同的人生之路。

李敏是一名“90 后”女孩，她在幼年时就遭遇了人生的重大磨难——一次车祸令她失去了左臂。面对突如其来的重击，李敏没有自暴自弃，开始学习基本的生活技能，挤牙膏、拧毛巾……在父母的鼓励下，她克服重重困难，考入大学，学习服装设计专业。

毕业后，她仔细思考了自己的未来，最终决定回乡创业。她的家乡是全国闻名的花木之乡，她决定开网店售卖百合、绿萝等花卉绿植。

创业并不轻松，一般人能轻易完成的打包，对李敏来说却是个极大的挑战。在打包月季花的时候，她的手指经常被扎破。父母看在眼里，痛在心里。李敏性格坚毅，不断地反复摸索与练习，终于熟练掌握了用嘴和手协作打包的技巧。一盆绿植，她只需要两三分钟就能打包好。

李敏是一个特别有想法的人，她不满足于小规模的售卖，而是想着如何才能将网店做大做强，尝试采用直播的营销模式售卖花木。她将小店经营得有声有色，年销售额达到 100 多万元。

李敏创业还为更多的乡亲提供了致富之路。2017 年，她考取了“返乡兴村”新村干，成为当地的党支部副书记。为了更好地带动村民增收致富，她在村里设立了电商扶贫驿站，定期邀请专业老师、电商从业者现场进行图片拍摄技巧、店铺运营等课程直播教学。在李敏的带动下，村里的电商由原来的 200 户增加到 400 多户。2021 年，李敏创办了公益直播基地，带领更多人通过直播方式增收致富。

开展决策能力训练

“复盘”一词源于棋类术语，是指对局完毕后，复演该盘棋的记录，以检查对局中对弈者的优劣与得失关键。在决策过程中，复盘有助于优化个人的决策能力。请参考表 4-2 中的步骤进行训练，完成相关内容的填写。

表4-2　决策能力训练指南

步　　骤	训练指导	答　　案
1. 回顾目标并和结果对比	回顾自己在曾经做出的一个重大决策过程中做了哪些事，事情的结果与你最初的目标之间有什么不一样	
2. 评估所做的事情	评估你做的这些事情的价值，想一想哪一步是最关键的	
3. 发掘规律，寻找共性	从这次决策过程中，你能学到哪些原则或者经验？有没有其他的案例或者书籍对这样的决策有帮助	
4. 总结反思	在这次决策过程中，你有哪些可以提升的地方？如果再面临这类问题，你会如何决策	

续表

训练心得

任务二

反思习惯：职业决策风格

学习目标

- 了解职业决策风格的类型
- 掌握职业决策风格的分类方法

情境导入

投身家乡建设

人生的路很长，但关键处往往只有几步。长期以来，新疆姑娘热依汗古丽的目标都很坚定，就是从事中医相关的工作。她是村里第一个本科生，临近毕业，反哺家乡的念头愈发强烈。她积极了解家乡就业政策，关注医疗岗位招聘要求，结合自身条件做好职业生涯规划。为了抓住更多就业机会，她积极参加学校招聘会，并向对口用人单位投送了简历。面对多家单位抛出的“橄榄枝”，她深思熟虑后，决定回到家乡的县人民医院工作，守护乡亲们的健康。她说：“职业选择只是每个人不断认识自我、完善自我后的结果。大胆走出这一步，无论结果怎样，人生才刚刚开始。”

问题与思考：

（1）如果换作是你，你会选择留在大城市还是回去建设家乡？为什么？

（2）有人说，只有不断尝试才能明确自己的方向，只靠“想”无法了解自己适合什么。你认同这个观点吗？

职业决策风格是指在职业选择过程中决策的习惯和方式，其直接影响职业决策的效率和效果。由于决策者对待决策的态度和方法不同，职业决策风格也呈现多元化。

一、职业决策风格的三分法

著名职业生涯学者哈瑞恩（V. A. Harren）根据个人行为习惯，把人的决策风格分为理性型、直觉型和依赖型三种。

1. 理性型决策风格

理性型决策风格的人习惯以逻辑分析来解决问题，常常在系统收集的足够的自我和环境信息的基础上，权衡各个选项的利弊得失，按部就班地做出决定。

2. 直觉型决策风格

直觉型决策风格的人比较冲动，常常根据自己在特定情景中的感受或情绪反应直接做出决定，很少系统地收集相关信息，但他们能为自己做出的决定负责。

3. 依赖型决策风格

依赖型决策风格的人常常等待或依赖他人为自己收集信息而做决定，比较被动和顺从，做选择时十分注重他人的意见和期望。他们大多数把社会赞许、社会评价和社会规范作为

做决定的标准。

体验探究

人生充满选择。在生活中，哪些决策你能很快决定？哪些决策你却一再犹豫？请与同学一起完成图 4-7 的测试，共同了解与探讨自己在生活中是如何做出选择的。

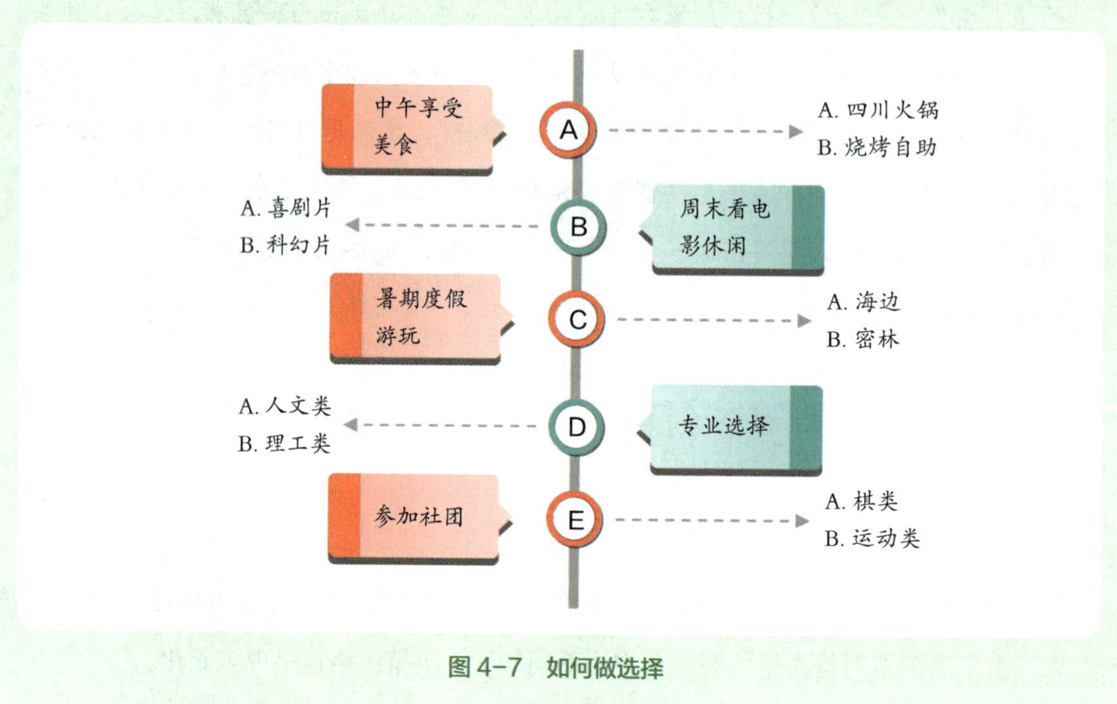

图 4-7　如何做选择

二、职业决策风格的五分法

1995 年，美国职业生涯专家斯科特（Susanne G. Scott）和布鲁斯（Reginald A. Bruce）认为决策风格是在后天的学习中逐渐形成的，提出将决策风格划分为理智型、直觉型、依赖型、回避型、自发型五种。

1. 理智型决策风格

理智型决策风格的人以周全的探求、深思熟虑、逻辑分析为特征，强调综合全面的信息收集、理智的思考和冷静的分析判断。但是，理智型决策风格的人也会面临因害怕承担决策后果而不能整合自己和他人观点的困扰。

2. 直觉型决策风格

直觉型决策风格的人以自我判断为导向，以依赖直觉和感觉为特征，比较关注内心的感受；能根据有限的信息快速做出决策，在发现错误时迅速改变决策。此类风格的人的不足之处在于易出现决策不确定的情况。

3. 依赖型决策风格

依赖型决策风格的人以寻求他人的指导和建议为特征，往往不能够承担自己做决策的责任，允许他人参与决策及共同分享决策成果，常会受到他人的正面评价影响，但也可能因简单地模仿他人的行为而产生负面影响。

4. 回避型决策风格

回避型决策风格的人以试图回避做出决策为特征，拖延、不果断。他们经常因害怕做出错误决策而焦虑，或不能够承担做决策的责任而倾向于不考虑未来的方向，不去做准备，既不思考也不寻求帮助。

5. 自发型决策风格

自发型决策风格的人以渴望尽快完成决策为特征，是一种具有强烈即时性和对快速做决策的过程有兴趣的决策风格。此类决策者通常会给人果断或过于冲动的印象，常常在缺乏深思熟虑的情况下做出决策。

三、职业决策风格的九分法

根据个人气质和行为特点，可以将职业决策风格分为九种，具体如表 4–3 所示。

表4–3　决策风格的九分法

类　型	特　点
宿命型	在进行决策的时候完全听天由命，不做主观努力，一切顺其自然，简单地由社会发展和外界环境决定
直觉型	在进行职业决策时，相信直觉，一切跟着感觉走
挣扎型	在面对众多选择时束手无策，顾忌太多，既想实现远大的理想，又不敢面对现实
麻木型	对外部世界的变化失去敏感性，每天都在一种无职业意识的状态中度过，不愿为自己的职业发展多思考，不愿做出选择
冲动型	不经过策划和准备直接做出决定，缺乏对未来的思考和分析
拖延型	认为事情总会得到解决，相信“车到山前必有路，船到桥头自然直”，不愿意付出太多，不愿意做出承诺
顺从型	依附于组织或他人，让组织或他人为自己做决定，按照别人的思路发展自己
控制型	能认真分析自身条件和外部环境，综合考虑各方面因素；能果断地决定自己的职业定位与职业方向，敢于自我承诺、自我挑战；能有计划地发展自己的职业生涯，合理、动态地管理自己的职业生涯
紊乱型	虽然进行了自我评估和职业与环境分析，但最终因职业发展规划总是处在不断变化和调整中，没有明确的目标和方向而陷入迷茫

体验探究

假设路边有一片桃园，允许人们进去摘桃子。但是，进园摘桃子的人只能前进不能后退，且只能摘一次。为了摘到最大的桃子，有8个人（A~H）做出了自己的选择。请分析这些人的决策风格并填入图4-8对应的位置。

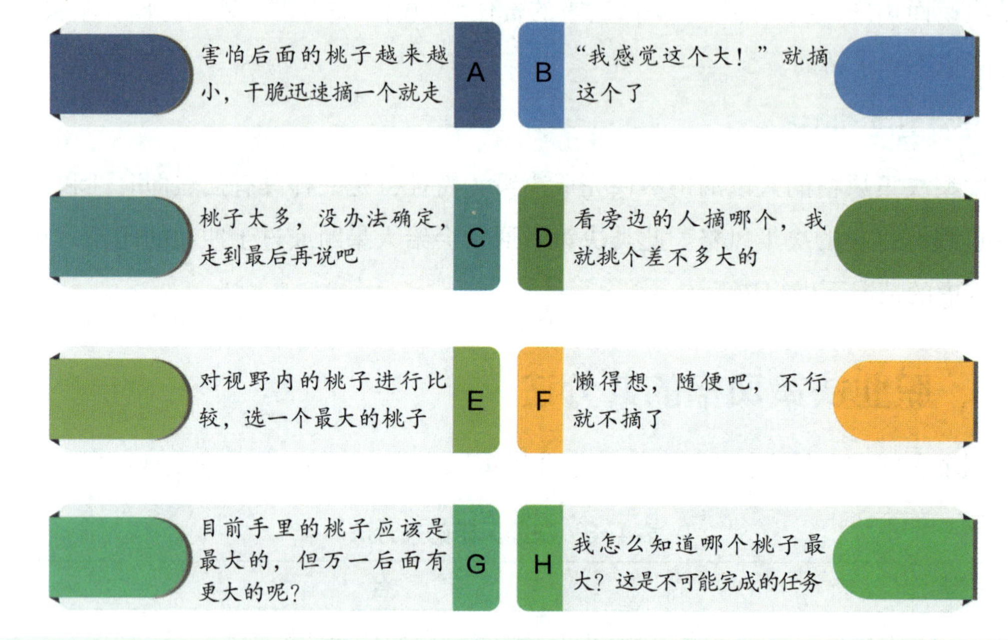

图4-8　寻找决策风格

案例阅读

“90后”服务“90+”

当前，我国养老服务行业正朝着专业化、精细化方向发展，越来越多的养老新职业、新岗位不断涌现，成为吸引年轻人就业的新选择。“90后”年轻人服务“90+”（老年人）成为养老行业的常见现象。逯苗毕业于天津某大学老年服务与管理专业。毕业后，逯苗进入一家养老院工作，他觉得能用自己的专业知识为养老行业贡献专业力量是一件十分了不起的事情。积累实践经验后，逯苗通过了高级护理员、高级心理咨询师、健康教练、老年人能力评估师等资格考试，顺利成长为养老服务领域的多面手。2022年年底，逯苗凭借丰富的工作经历、良好的专业表现，成功应聘天津某养老院管理岗位，成为运营部门负责人。在他管理的这所养老院中，楼层管理人员基本都是“80 后”“90 后”，还有“00 后”。“90 后”照顾“90+”是养老服务业的现状。

实训活动

职业决策风格自测

请仔细阅读表 4–4 中的问题，做出你的选择。选择结束后，查看表后的结果说明并评估自己的职业决策风格。

表4–4　职业决策风格自测

序　号	题　目	选　项	答　案
1	当遇到一个非常复杂的问题时，你会怎么做?	A. 先明确问题的关键，再做决定 B. 凭直觉迅速做决定，感觉对你很重要 C. 先分析问题的来龙去脉和背景，再做决定 D. 参考其他人的意见，最好能兼顾其他人的感受	
2	如果你和家人准备在中秋节出去聚餐，在选择就餐地点时，你会怎么做	A. 直接带着家人去一个经常光顾的餐厅 B. 带着家人去一个从来没有去过的、很有意思的餐厅 C. 先选几个就餐地点逐一分析利弊，再决定去哪儿就餐 D. 问过每个人的意见，可大家意见不统一，很难做出决定	
3	当需要做出决定，但大家意见不一致时，你一般会怎么做	A. 先听取大家的意见，再做出决定 B. 认为是正确的事情，就会说服大家同意 C. 回去想想是否有考虑不周的地方 D. 用投票的方式决定，少数服从多数	
4	如果你正在陪父母旅游，突然接到学校的电话，有紧急事情需要你回校处理，你会怎么做	A. 为了顾及父母的感受，拜托好友去了解问题并帮忙处理 B. 事不宜迟，马上回到学校 C. 既想回学校，又担心父母不理解，会想一个两全其美的对策 D. 和父母解释清楚后回学校	

续表

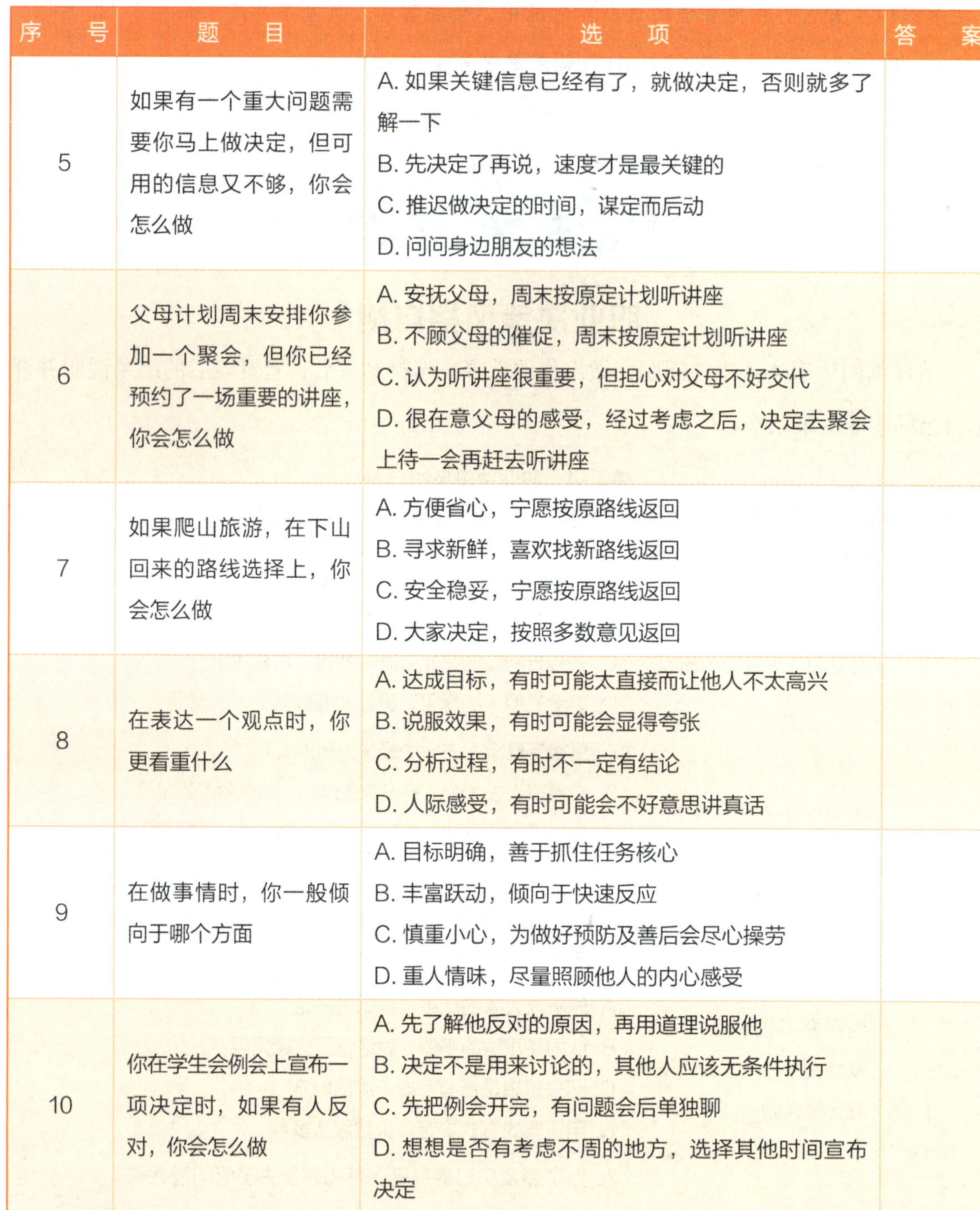

序　号	题　目	选　项	答　案
5	如果有一个重大问题需要你马上做决定，但可用的信息又不够，你会怎么做	A. 如果关键信息已经有了，就做决定，否则就多了解一下 B. 先决定了再说，速度才是最关键的 C. 推迟做决定的时间，谋定而后动 D. 问问身边朋友的想法	
6	父母计划周末安排你参加一个聚会，但你已经预约了一场重要的讲座，你会怎么做	A. 安抚父母，周末按原定计划听讲座 B. 不顾父母的催促，周末按原定计划听讲座 C. 认为听讲座很重要，但担心对父母不好交代 D. 很在意父母的感受，经过考虑之后，决定去聚会上待一会再赶去听讲座	
7	如果爬山旅游，在下山回来的路线选择上，你会怎么做	A. 方便省心，宁愿按原路线返回 B. 寻求新鲜，喜欢找新路线返回 C. 安全稳妥，宁愿按原路线返回 D. 大家决定，按照多数意见返回	
8	在表达一个观点时，你更看重什么	A. 达成目标，有时可能太直接而让他人不太高兴 B. 说服效果，有时可能会显得夸张 C. 分析过程，有时不一定有结论 D. 人际感受，有时可能会不好意思讲真话	
9	在做事情时，你一般倾向于哪个方面	A. 目标明确，善于抓住任务核心 B. 丰富跃动，倾向于快速反应 C. 慎重小心，为做好预防及善后会尽心操劳 D. 重人情味，尽量照顾他人的内心感受	
10	你在学生会例会上宣布一项决定时，如果有人反对，你会怎么做	A. 先了解他反对的原因，再用道理说服他 B. 决定不是用来讨论的，其他人应该无条件执行 C. 先把例会开完，有问题会后单独聊 D. 想想是否有考虑不周的地方，选择其他时间宣布决定	

结果说明：

A 的数量最多，表明你是理智型决策者；B 的数量最多，表明你是直觉型决策者；C 的数量最多，表明你是回避型决策者；D 的数量最多，表明你是依赖型决策者；有两项以上数量均等，表明你是复合型决策者。

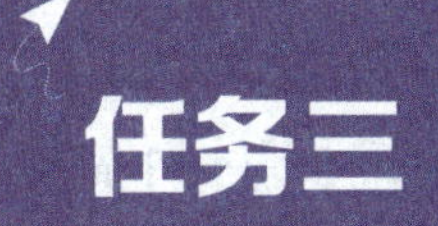

任务三

强化练习：职业决策方法

学习目标

- 掌握职业生涯决策的主要方法
- 学会将职业决策方法运用到实际的生活中
- 提高职业生涯决策的能力

情境导入

在职业选择中坚定一种信仰

个人的成长成才与社会紧密相连。职业选择可认为是个体在社会存在即生活中所做的选择。个体的职业选择虽受客观环境的影响，但职业选择的主动权仍是在自己手中掌握着。马克思在《青年在职业选择时的考虑》中说：“在选择职业时，我们应该遵循的主要指针是人类的幸福和我们自身的完美。”[①]当职业成为一种信仰，当个人的职业选择不再依循于社会大众选择的“普遍化”时，个体职业选择的“特殊化”也就应运而生。

问题与思考：

（1）你如何理解职业选择的“特殊化”？

（2）当你面临毕业时，你计划如何做出自己的职业决策？

大学生在进行职业选择时，无论是个人信息还是专业信息，如果没有进行正确、有效的处理，都只能是毫无意义的数据。大学生只有正确、全面地分析这些信息，才能做出正确的职业决策。

① 中共中央马克思恩格斯列宁斯大林著作编译局．马克思恩格斯全集：第一卷 [M]. 2 版．北京：人民出版社，1995:459.

一、5W 分析法

在职业生涯规划与决策中，5W 分析法是一种简单易行的方法。5W 分析法是一种归零思考，从问自己是谁开始，如果能够成功回答完 5 个问题，就能得出最后的答案。从某种意义上说，认真回答这 5 个问题，也就基本上完成了职业决策和职业规划。5 个“W”的含义如图 4–9 所示。

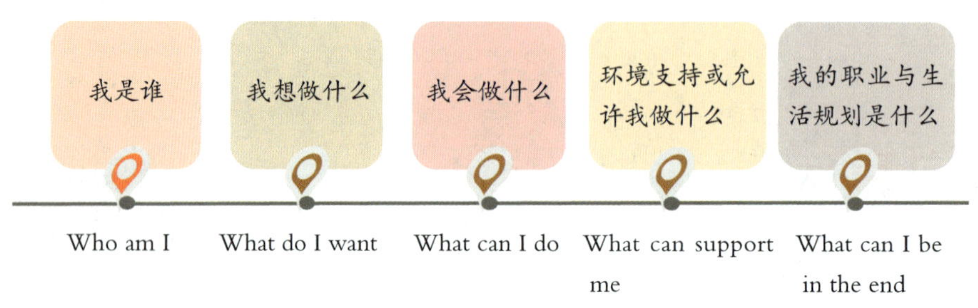

图 4–9　5 个“W”的含义

知识延伸

5W 分析法的运用

A 是某大学商务英语专业的毕业生，他在一家英语培训机构实习。他运用 5W 分析法对自己未来的发展方向进行了探索。

1. 我是谁

（1）学业成绩：优秀学生干部，学业成绩优秀，通过了全国大学英语六级考试；辅修了旅游英语、旅游管理、导游概论等课程；已取得旅游行政部门颁发的导游人员资格证书。

（2）家庭情况：家庭状况一般，父母工作稳定、身体健康，暂时不需要特别照顾。

（3）自我评价：身体健康，个性活跃，喜欢热闹，组织能力强；好奇心较强，学习能力不错。

（4）目前状况：在实习单位受到领导关注，同事关系不错；对生活要求不高，但需要体面且丰富的生活；目前正在谈恋爱，见过对方父母，也被对方父母认可。

2. 我想做什么

A 的首选职业是成为一名导游，自己比较喜欢这份职业。其次是想当一名教师，因为这个职业比较稳定。此外，A 也可以考虑成为宾馆、饭店的管理人员或出国留学，回国做英语翻译。A 希望能和家人共同住在属于自己的舒适的住房里，每天开着自己的汽车去上班；与人合伙开公司，自己当老板，如果有公司吸收他做合伙人并提供更大的事业空间，似乎更好。

3. 我会做什么

A 在宾馆做过前台接待，当前台接待时曾因英语口语良好而受邀担任随团导游兼翻译，很有成就感；当过学生会干部，团队合作意识较强，多次参与学校组织的有影响力的大型活动；可承担更多的业务，擅长协调各部门的关系；会开车；等等。

4. 环境支持或允许我做什么

A 的堂姐在英国，希望他去英国继续深造；学校老师推荐他去一家品牌化妆品公司担任海外客户维护专员；有同学自己开了一家货贷公司，希望他能够加盟，但他不了解货贷公司的具体业务，也不知道它有多大的发展前景；在暑期社会实践时，一个旅行社愿意给他提供一份兼职导游的工作，但他希望能成为全职导游。

5. 我的职业与生活规划是什么

（1）到国外继续深造。学成归来可以做自己梦寐以求的翻译工作，但家境一般，经济压力太大，等有能力有精力了再去深造，也好减轻父母的负担。

（2）到品牌化妆品公司担任海外客户维护专员。对收入较满意，但从发展的角度来看，化妆品行业竞争激烈、起伏较大，自己对此行业的兴趣也不是很大。

（3）去同学的货贷公司做管理。专业知识用不上，日久会荒废；对货贷行业不熟悉，承担风险较大；来自家庭的阻力会令自己左右为难。

综合这些探索，A 最终决定从事导游工作。

二、SWOT 分析法

SWOT 分析法是在市场营销管理领域被广泛使用的强大分析工具，又被称为“态势分析法”。它是由旧金山大学的管理学教授海因茨·韦里克（Heinz Weihrich）于 20 世纪 80 年代初提出来的，主要用于帮助决策者在竞争环境中制定适合企业发展的竞争战略，后被引入职业决策中。

（一）SWOT 分析法的四个变量

SWOT 分析法包含四个变量：S 代表优势（strengths）、W 代表劣势（weaknesses）、O 代表机会（opportunities）、T 代表威胁（threats）。其中，S、W 是内部因素，O、T 是外部因素，如图 4-10 所示。通过 SWOT 分析，人们能比较容易地知道自己的优点和弱点，并且可以详细地评估自己感兴趣的不同职业道路的机会和威胁。

S 优势
（1）我擅长什么?
（2）我掌握了什么新技能?
（3）我能做什么别人做不到的事?
（4）我和别人有什么不同?
（5）我最近因何成功?
（6）什么领域适合我

W 劣势
（1）我做不了什么?
（2）我缺乏什么技能?
（3）别人有什么比我强?
（4）我不能够适应何种学习领域?
（5）我最近因何失败

O 机会
（1）这一领域有什么适合我的机会?
（2）我可以学到什么技术?
（3）我可以提供什么新技能?
（4）我怎样才能与众不同?
（5）这一领域5~10年的发展如何

T 威胁
（1）我最近有什么改变?
（2）竞争者最近在做什么?
（3）我是否赶得上学习领域需要的改变?
（4）环境的改变是否影响学习?
（5）有什么会威胁学习

图 4-10　SWOT 分析

1. 优势

优势是指个人可以控制并可以利用的积极因素。从个人的角度出发，优势可分为外显优势和隐性优势。从资源方面看优势，优势即个人的社会资源、财力资源、人力资源等。

大学生在分析优势时，要注意横、纵向比较。例如，与同学相比，自己可能在沟通、协调、组织等能力上具有某种优势，但与职场人士相比，这种优势则不复存在。大学生还应通过纵向比较，明白一个道理：任何事情想要做得出色都不容易，我们需要不断地培养与挖掘自己的能力。

2. 劣势

劣势是指个人不擅长或不喜欢做的事情，是可控、可通过努力改善的因素，如一个人性格的弱点、经验或经历的欠缺、不良习惯等。处于劣势并不可怕，可怕的是自己认识不到或认识到了而选择逃避。

3. 机会

机会是指个人不能控制但可以利用的外部积极因素，宏观上包括国家的经济形势、产业政策、法律法规、各区域的产业发展态势、行业趋势等，微观上包括收集到的来自各企业、政府部门、人才市场、学校或学长的各类有利的信息。例如，自己所学的专业拥有人才政策等利好信息。大学生只有拥有敏锐的嗅觉及开阔的视野，善于发现和把握机会，才能更快地实现自己的目标。

4. 威胁

威胁是指个人不能控制但可以尽力使其弱化的外部消极因素，包括人才市场竞争激烈、所学专业领域发展过缓甚至衰退、家庭不稳定等因素。

（二）SWOT 分析法的使用步骤

1. 分析自己的优缺点

随着社会分工的进一步细化，职业的分类也越来越细，已很少有人能成为“百科全书式”的人才，每个人都有自己突出的优势和才能，也都会有不足和缺点。例如，有的人喜欢与人交往，不希望从事单调的办公室工作；有的人不擅长与人交流，喜欢一个人在实验室里做研究工作。

为了分析自己的优点和缺点，大学生可以制作一个表格，列出喜欢做的事情和优点，同时列出不喜欢做的事情和缺点。需要注意的是，找出缺点与发现优点同等重要，因为在此基础上可以有针对性地进行弥补和提高，也可以放弃那些自己不擅长的职业领域。

体验探究

请参考表 4-5 评估自己的长处和短处，分析自己的优势和劣势。你需要在表中列出自己喜欢做的事情，寻找自己的长处；列出自己不喜欢做的事情，分析自己的短处；总结出加强优势和减弱劣势不利影响的方法。

表4-5　自我评估表

喜欢做的事情	长　处	不喜欢做的事情	短　处
总结分析			
如何加强优势		如何降低劣势的影响	

2. 找出外部机会和威胁

社会环境时刻在发生变化，在变化的环境中，有些因素是机遇，有些因素则是威胁。当然，不同的行业、职业和职位面临的机遇与威胁也不同。个体只有准确地找出这些外部因素，才能做出正确的决策。例如，不景气的行业可以提供的工作职位自然比较少，个体升迁的机会也比较少；相反，充满了许多积极的外部因素的行业可以为个人提供广阔的职业前景，因此在进行职业决策时要予以充分考虑。

3. 构建 SWOT 矩阵

可以将分析和调查得出的各种因素，包括自己的优缺点和外部的机会与威胁，根据轻重缓急或影响程度等排序方式构建 SWOT 矩阵，如图 4-11 所示。在此过程中，需要将那些对个人职业发展产生直接的、重要的、大量的、迫切的、久远的影响因素优先排列出来，将那些对个人职业发展产生间接的、次要的、少许的、不急的、短暂的影响因素排列在后面。

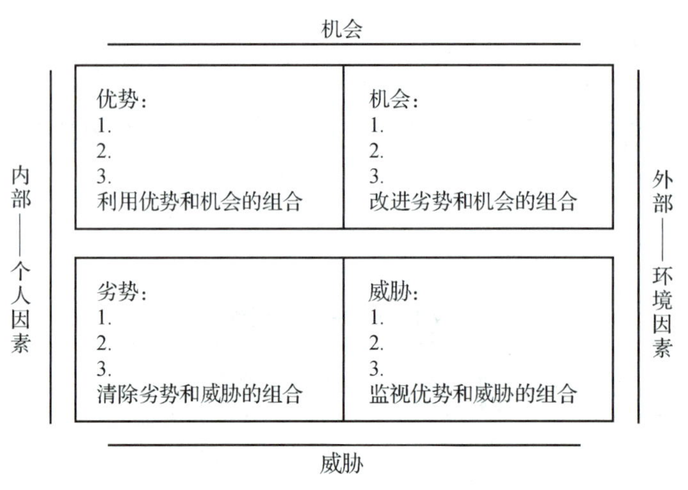

图 4-11　构建 SWOT 矩阵

4. 制订行动计划

在完成影响因素分析和 SWOT 矩阵构建，并运用系统分析的方法把各种因素相互匹配起来加以分析后，我们就可以从中得出一系列相应的结论（如对策等），进而制订出行动计划。制订行动计划的基本思路是：发挥优势因素，克服劣势因素；利用机会因素，化解威胁因素；回顾过去，立足当前，着眼未来。

三、决策平衡单

在经过决策之后，人们通常会得到多个选择方案，这时就会面临选择哪一个方案的问题。当面临众多选择而犹豫不决、难以取舍时，可以借助决策平衡单做选择。

（一）决策平衡单的四个方面

决策平衡单可以帮助人们具体分析每一个方案实施后的利弊得失，排定各方案的优先顺序，择一而行。1977 年，美国学者詹尼斯（Irving L. Janis）和曼恩（Leon Mann）提出了决策平衡单（decision-making balance sheet），他们将重大决策的思考方向集中到四个方面（图 4–12）上。个人只要明确了这四个方面，就可以制作并完成自己的生涯决策平衡单。

个人物质得失

经济收入、社会资源获取、未来发展、休闲时间、办公条件、健康因素及其他

他人物质得失

家庭收入、择偶及建立家庭、与家人相处的时间、家庭地位及其他

个人精神得失

兴趣一致性、价值观的契合度、创造性、挑战性、自由独立、多样性、变化性、才能的发挥及其他

他人精神得失

父母、师长、配偶、朋友、同事及其他

图 4–12　职业决策平衡单的四个方面

（二）决策平衡单的使用步骤

使用决策平衡单可以按照下面五个步骤进行。

第一步，列出需要比较的所有职业选项（至少要有两项）。

第二步，根据自己的实际情况，按照职业决策平衡单的四个方面分别罗列出可能的选项，一般以 3 ~ 5 个为宜，并判断各个可能选项的利弊得失。

第三步，为考虑因素赋值，给予权重系数。最重要的因素为 5，最不重要的因素为 1。

第四步，根据考虑因素对职业选项影响的大小填写每一项的具体分数（–10 ~ 10 分），10 分是最满意的状况，将分数与权重系数相乘得出加权得分。

第五步，根据总分评估不同的职业选项，确定各个职业选项的优先顺序。

决策平衡单样例如表 4–6 所示。

表4-6 决策平衡单样例

考虑因素	权重系数	考公务员		升学		软件工程师	
	1~5	分数	加权得分	分数	加权得分	分数	加权得分
个人收入	3	5	15	−2	−6	7	21
未来发展	4	5	20	6	24	7	28
社会地位	3	6	18	5	15	4	12
社会资源	3	6	18	6	18	8	24
符合自己的兴趣	3	−1	−3	4	12	5	15
符合自己的能力	4	−1	−4	4	16	6	24
符合自我价值观	3	1	3	4	12	5	15
符合理想生活	4	2	8	4	16	7	28
家庭收入	3	3	9	−2	−6	4	12
与家人相处时间	2	3	6	−2	−4	−4	−8
家人的荣誉感	3	3	9	3	9	−1	−3
家人的认同感	5	3	15	7	35	−1	−5
总分			99		141		163

（三）使用决策平衡单的注意事项

大学生在使用决策平衡单时，应注意以下几个问题：

（1）要将自己的各种生涯选择填写在决策平衡单顶部，选择没有先后、轻重之分。

（2）要在平衡单的左侧垂直列出自己在“个人物质方面的得失”“他人物质方面的得失”“个人精神方面的得失”“他人精神方面的得失”四个方面的重要价值观和考虑因素。

（3）要以自认为的重要程度或对自己的影响力大小为评分标准，给各种价值观和因素填写权重分。一项价值观或因素的重要性越大，它的权重就越高。5 为最高权重，表示“非常重要”；4 表示“很重要”；3 表示“一般”；2 表示“不重要”；1 表示“最不重要”。对自我需求和价值观的准确了解是给价值观和考虑因素指定权重的前提。

（4）按照各项职业选择满足个体价值观和考虑因素的程度进行打分。分值为 -10 ~ 10，“10”表示“得到了完全的满足”，“0”表示“不知道或无法确定”，“-10”表示“完全没有得到满足”。

（5）要将各项职业选择的得分与各项价值观和考虑因素的权重相乘进行计分并记录在相应的空格内。

（6）要将每个选择下所有的正负得分相加得出总分，并对所有的总分进行比较和排序。

案例阅读

奔赴海岛　教书育人

马依情是浙江某大学计算机科学与技术专业2023届的毕业生，她很早就确定了自己的职业方向——教师，她最终将自己的职业锁定在“乡镇信息技术教师”。

她说：“小时候家乡的教育资源相对匮乏，但我遇到了许多好老师。当时，县里小学教师大部分是中学或中专学历，我的语文老师是本科毕业却选择扎根山乡。我的初中物理老师也是知名大学毕业，同样选择来到山区从教。”

2022年，她去某中学实习。在这次实习中，她感受到了孩子们的朴实、可爱，更感受到了他们对知识的渴望，这让她更坚定了自己从教的决心，也更深刻地理解了教师这份职业的意义。

毕业时，她可选择的学校有好几个，马依情最终选择了一所条件相对艰苦的海岛上的学校，她要在这里为海岛的孩子讲授信息技术课程，让他们了解计算机科学知识，看到更广阔的世界。

她说：“找工作对我来说是一次重要的人生选择，扎根海岛做一名乡镇教师是我的无悔选择。”对三尺讲台的赤诚和热爱，如同一盏明灯点亮了马依情的人生长路，始终激励她在热爱的教育事业中深耕细作、发光发热。

实训活动

运用5W分析法

请尝试用5W分析法进行自我分析，确定自己的职业发展路线并完成表4-7的填写。

表4-7　我的职业规划5问思考

问　题	要　点	思　考
我是谁	对自己进行一次深刻的反思，全面认识自己	

续表

问　　题	要　　点	思　　考
我想做什么	检查自己职业发展的心理倾向，锁定自己的终身理想	
我会做什么	对自己的能力与潜力进行全面总结	
环境支持或允许我做什么	将一切有利于自己职业发展的因素调动起来	
我的职业与生活规划是什么	制订职业生涯规划，完成个人职业发展计划书，系统学习	

项目五 规划·绘制发展蓝图

寄语

有这样一句话：『人生的蓝图好比种下的一颗种子，用强烈的念想去灌溉它，它就会发芽、开花，结下甜美的果实。』真正决定一个人成就的不是天分，也不是运气，而是严格的自律和高强度的付出。从现在开始，重新调整自己，只要步履不停，未来就永远可期。

思维导图

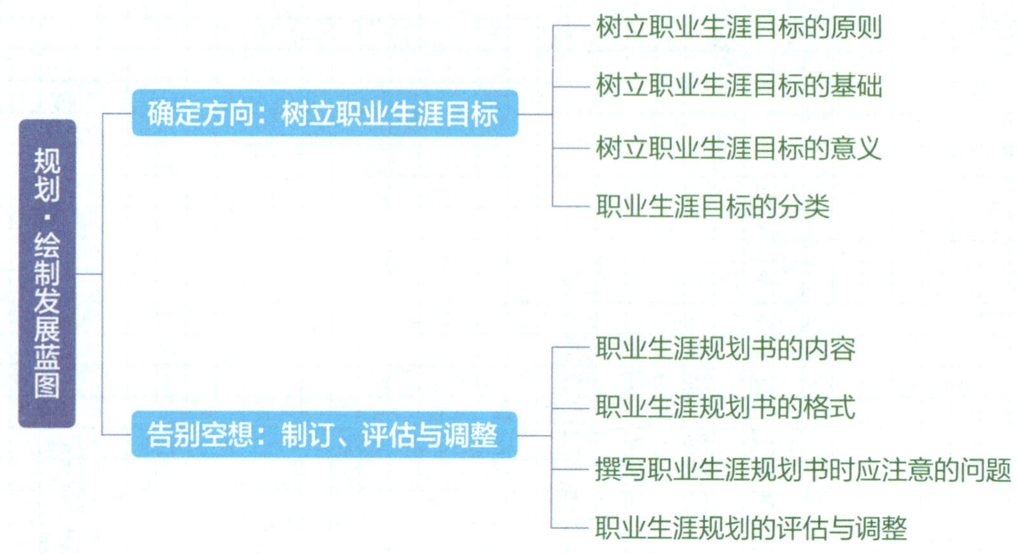

课前热身

学生自主寻找搭档，两人一组，参考图 5-1 的要求完成拍手游戏。要求：一人执行，另一人记录；两人需要互换角色。游戏结束后，请想一想在三次行动中哪一次你的速度最快，哪一次你的状态最投入，为什么。

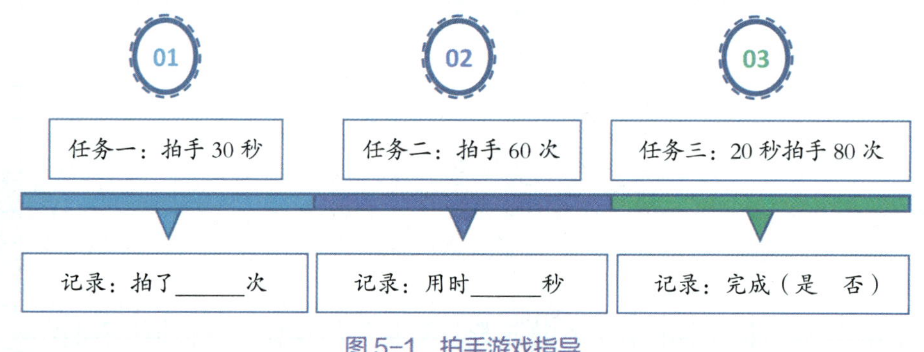

图 5-1　拍手游戏指导

任务一

确定方向：树立职业生涯目标

学习目标

- 了解树立职业生涯目标的原则与基础
- 掌握职业生涯目标的分类
- 能够从认识自我的角度确定职业生涯目标

情境导入

立　志

王阳明在《教条示龙场诸生》中说："志不立，天下无可成之事。虽百工技艺，未有不本于志者。今学者旷废隳惰，玩岁愒时，而百无所成，皆由于志之未立耳。故立志而圣则圣矣，立志而贤则贤矣。志不立，如无舵之舟、无衔之马，漂荡奔逸，终亦何所底乎？"

问题与思考：

（1）你如何理解王阳明说的这段话？

（2）你还知道哪些述说志向的名言？

（3）你有想过自己的一生应该怎么度过吗？

（4）我们为什么要计划未来？

职业生涯目标是一个人在选定的职业领域内，对未来某个时间点所能达到的某种成就的期待。职业生涯目标是个人目标，由于每个人的兴趣、能力、价值观等不同，因此职业生涯目标带有明显的个性色彩。

一、树立职业生涯目标的原则

职业生涯目标的树立并非一蹴而就，不是所有立下的目标都能称为职业生涯目标。只有科学、合理的职业生涯目标才能发挥作用。大学生想要树立科学的职业生涯目标，必须遵循一定的原则。

（一）SMART①原则

SMART 原则是美国管理学家德鲁克（Peter F. Drucker）在《管理的实践》（*The Practice of Management*）一书中提出的目标管理方法。SMART 原则被称为“黄金准则”，按照这一原则制订的目标可实施、可跟进、可考核，也更容易实现。

1. 明确性（specific）——目标要具体

大学生树立职业生涯目标，必须用具体的语言清楚地说明自己要达成的行为目标。例如，“我想在两个月内读完四本文学专著，并撰写阅读笔记”。

视频
SMART使用误区

2. 度量性（measurable）——目标可衡量

大学生树立的职业生涯目标必须是可以衡量的，必须要有一组明确的数据作为衡量的标准。如果制订的目标没有办法衡量，就无法判断目标是否达成。例如，“这学期我要通过兼职赚取更多生活费”就不太好衡量，而“这学期我要通过兼职赚取 5000 元生活费”就很好衡量。

3. 可达性（attainable）——目标可实现

大学生在树立职业生涯目标时，必须确保目标是可实现的。如果目标定得过高，就可能无法实现；如果目标定得过低，就可能失去挑战性。制订的目标既要具有完成的可能性，又要有一定的挑战性。

4. 相关性（relevant）——目标要与现实相关

相关性是指在现实条件下可行、可操作。大学生切忌脱离周围环境和达成目标所需要的条件。例如，某建筑类专业的学生一直梦想成为一名歌手，而自己在歌唱方面并没有突出的优势。歌手与他现在的专业和个人能力特质相差太远，与实际情况差距较大，这样的职业目标在实践中往往难以实现。

① SMART 由 specific、measurable、attainable、relevant、time-bound 五个英文单词的首字母组成。

5. 时限性（time-bound）——目标要有截止期限

时限性是指目标要有时间限制。例如，“我将在今年 5 月 31 日之前完成某事”，5 月 31 日就是一个确定的时间限制。大学生在树立职业生涯目标时应限定时间，否则很容易出现拖延的情况，导致目标最终无法达成。

体验探究

图 5-2 是周宇制订的计划。请利用 SMART 原则对他的计划进行分析，将不合适的地方予以修改，填在相应位置。

计划内容	计划	修改	
本学期期末考试，专业课成绩优异	计划1	修改	
从今天开始，每天坚持阅读	计划2	修改	
每天坚持听 20 首英文歌曲	计划3	修改	
本月参加一次野外徒步旅行	计划4	修改	

图 5-2　周宇制订的计划

（二）具体原则

1. 匹配原则

目标要符合社会与组织的需要。职业生涯目标如同一种“产品”，要有相应的“市场”。因此，一是要注重对职业生涯发展环境的分析，充分了解组织环境、社会环境、经济环境等外界环境；二是要将目标建立在个人优势的基础上，只有选择与自身长处相符或接近的目标，主动行动，才能更好地进行职业目标定位，真正提高目标实现的概率。

2. 发展原则

目标要高远，但绝不能好高骛远。合理的目标有利于刺激实际行动，往往更容易成功。

因此，不能按照现有的能力制订目标，要预留一定的发展空间。人只要不断挖掘自己的潜能，努力向目标前进，就能够取得一定的收获。当然，如果目标过高，使人悬在虚幻的高空中，目标也就失去了意义。

3. 幅窄原则

在目标确定的过程中，最好遵循专业面稍窄的原则。一般来说，专业面窄，所需的力量相对就小。换句话说，同样的力量，专业面越窄，作用越大，成功的概率越大。

4. 组合原则

职业生涯目标应将长期目标与短期目标结合。长期目标指明发展方向，短期目标打好基础。人若只有短期目标，则会看不到未来，信心很容易受到打击；若只有长期目标，则有可能与当下工作联系不紧密，使事业发展摇摆不定。

二、树立职业生涯目标的基础

树立职业生涯目标应建立在自我评价和了解职业世界的基础上。大学生应清楚地了解自己的能力，分析自我，准确定位，从自己的实际情况出发。

大学生树立的职业生涯目标应符合自身的发展，通过努力能够达到。

大学生树立职业生涯目标不能忽略个人的缺点和短处。例如，一个人先天体质弱，就不应选择与体育或者需要频繁奔波的职业，如建筑师、运动员等。

大学生树立职业生涯目标应具有前瞻性，即大学生应根据个人的过往经验推断未来可能存在的工作方向与机会，判断职业目标的合理性与成功率。

体验探究

如果你拥有三天完美的日子，那么这三天你想怎样度过呢？请写下你认为最完美的日子。这三天应分别与业余生活、工作生活、休闲生活有关。在这三天，你想在什么地方做什么事？如果有人相伴，你想和谁在一起？用两三个或更多的词概括这三天的亮点并写在图 5-3 中。

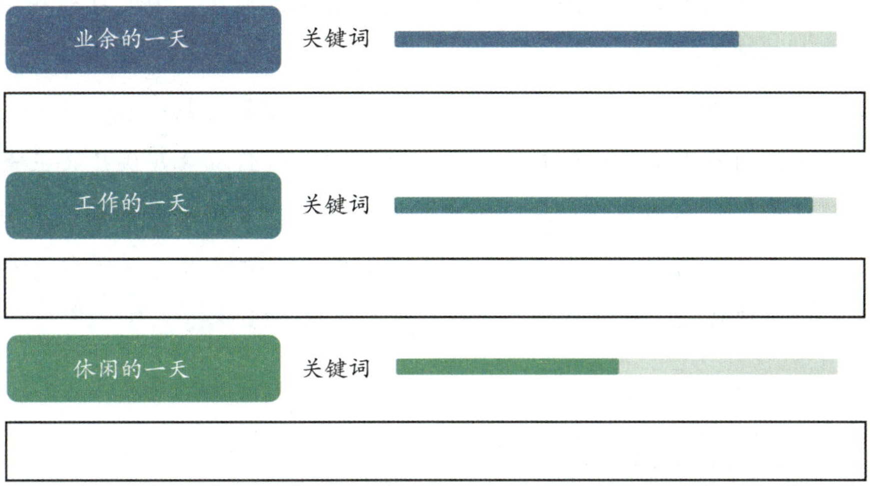

图 5-3　三天完美日子的亮点

三、树立职业生涯目标的意义

树立职业生涯目标有助于大学生为自己设定明确的发展方向。调查显示，杰出人士与平庸之人最根本的差别在于有无人生目标。那些称得上“成功”的人士，在一生中都有着明确的奋斗目标，在这些目标的引领下，他们认真对待自己的每一次行动，直至事业成功。

树立职业生涯目标有助于大学生合理安排时间。大学生可以借此了解什么是最重要的事情，弄清楚自己要做什么以及如何做。

树立职业生涯目标有助于大学生进行自我评估。大学生通过对比目标要求，能够清晰地评估自己的每一个行为。

树立职业生涯目标有助于大学生预判结果，稳定心情，从而产生持续的信心、热情与动力。

知识延伸

剥洋葱法

剥洋葱法是指像剥洋葱一样，将大目标分解成若干个小目标，再将每一个小目标分解成若干个更小的目标，一直分解下去，直到确认现在该做什么。我们可以将一级目标（总体目标）分解，把实现一级目标的手段作为二级目标，以此类推，逐级分解，形成一个“目标－手段”链。这么做不仅构成了目标体系，各级目标的实现也落到了实处。实现目标的过程是由现在到将来，由低级到高级，由小目标到大目标，一步

步前进的过程。而设定目标最高效的方法则是由将来到现在、由大目标到小目标、由高级到低级，层层分解。

在进行职业生涯规划的过程中，大学生应按以下步骤实施：第一步，找到自己的职业目标，确定自己人生的总体目标；第二步，将总体目标分解成几个五至十年的长期目标；第三步，把每个长期目标分解成若干个两到三年的中期目标；第四步，把两到三年的中期目标分解成若干个六个月到一年的短期目标；第五步，将每个短期目标分解成月目标、周目标、日目标，直到分解成现在该做些什么。

四、职业生涯目标的分类

（一）根据职业所涵盖的内容不同分类

根据职业所涵盖的内容不同，职业生涯目标可分为内职业生涯目标和外职业生涯目标。

1. 内职业生涯目标

内职业生涯目标侧重于个体自身的因素，主要包括工作能力目标、心理素质目标、观念目标、内心感受目标等，具体如表 5-1 所示。

表5-1　内职业生涯目标

目　标	含　义	说　明
工作能力目标	对处理职业中各种问题的能力的统称。工作能力的提高可以使个体以更新的观念、更充足的知识进行工作，进而获得更令人满意的工作结果	和上级领导及公司同事无障碍沟通的能力、组织大型活动的规划和组织能力、对自己所负责事务的分析能力等
心理素质目标	在职业生涯发展过程中，遇到障碍时能够积极应对的心理态度、能够经受困难的心理承受力和坚信能够克服困难的信心	实现职业生涯目标的人能认真地寻找不足并努力学习，掌握弥补这些不足的方法；不能实现职业生涯目标的人面对困难却找不到方法解决
观念目标	个体在工作和学习中要求自己逐步形成的观念或态度，人生态度决定一个人一生的成就	一个天性乐观、对工作充满热忱的人，无论他从事任何工作，都会认为自己的工作是一项神圣的职业，不论遇到多少艰难险阻，都会有所成就
内心感受目标	在工作中向有利于事业成功的方向积极努力，并用工作成绩收获新的、正向的心理感受	一个实现内心感受目标的人会获得属于自己的无价之宝，内心会得到丰富与升华

2. 外职业生涯目标

外职业生涯是指从事职业活动时的外在因素的组合及其变化过程，是在职业生涯过程中所经历的职业角色（职位）及获取的物质财富的总和，依赖于内职业生涯的发展。外职业生涯目标一般是具体的，主要包括职务目标、成果目标、收入目标、环境目标等因素，具体如表 5–2 所示。

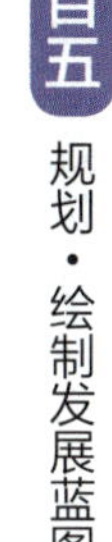

表5–2　外职业生涯目标

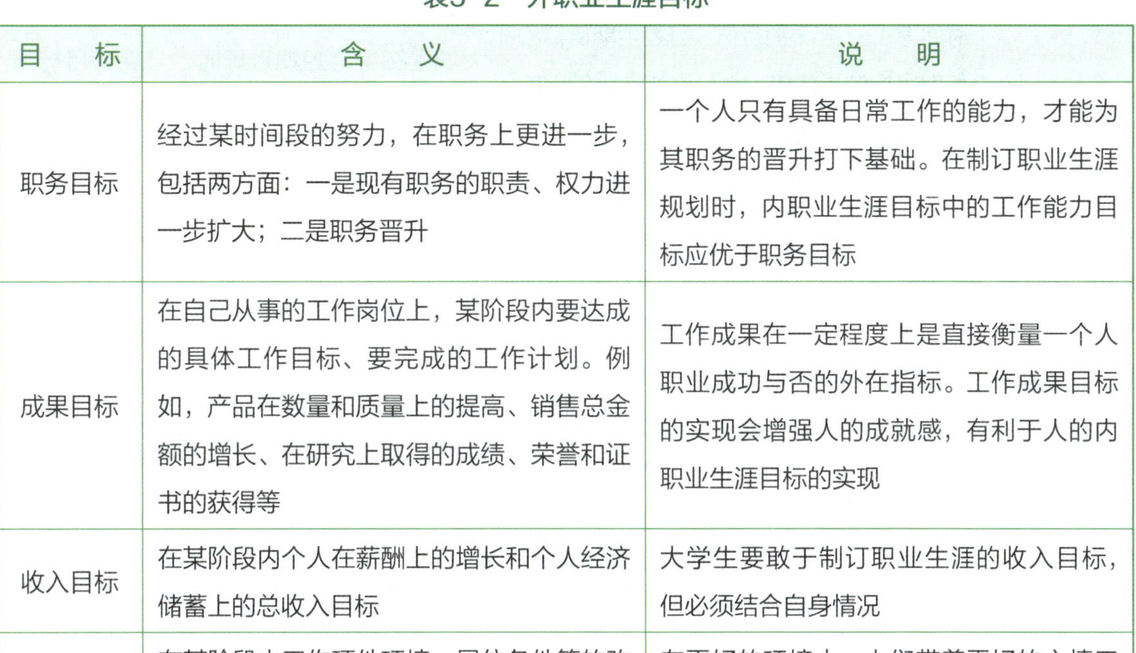

目　标	含　义	说　明
职务目标	经过某时间段的努力，在职务上更进一步，包括两方面：一是现有职务的职责、权力进一步扩大；二是职务晋升	一个人只有具备日常工作的能力，才能为其职务的晋升打下基础。在制订职业生涯规划时，内职业生涯目标中的工作能力目标应优于职务目标
成果目标	在自己从事的工作岗位上，某阶段内要达成的具体工作目标、要完成的工作计划。例如，产品在数量和质量上的提高、销售总金额的增长、在研究上取得的成绩、荣誉和证书的获得等	工作成果在一定程度上是直接衡量一个人职业成功与否的外在指标。工作成果目标的实现会增强人的成就感，有利于人的内职业生涯目标的实现
收入目标	在某阶段内个人在薪酬上的增长和个人经济储蓄上的总收入目标	大学生要敢于制订职业生涯的收入目标，但必须结合自身情况
环境目标	在某阶段内工作硬件环境、居住条件等的改善结果	在更好的环境中，人们带着更好的心情工作，有利于职业生涯目标的达成

（二）根据时间不同分类

根据时间不同，职业生涯目标可分为人生目标、长期目标、中期目标、短期目标等（见表 5–3），分别与人生规划、长期规划、中期规划和短期规划相对应。

表5–3　职业生涯目标的分类（以时间为标准）

类　型	含　义	建　议
人生目标	整个人生的发展目标，时间最长，是个人对生活的美好愿景，与生活方式、事业、婚姻等有关	大学生处于人生目标的探索阶段，应灵活地对待人生目标的设定问题
长期目标	时间为 5 年以上的目标，通常比较粗略，有可能随着各种主客观情况的变化而发生变化，具有战略性、挑战性和动态性等特点	大学生在制订长期目标时，应与组织、社会的发展需求相结合，保证目标是自己认真选择的；符合自己的兴趣、价值观；与志向相吻合等

续表

类　型	含　义	建　议
中期目标	时间为 3 ~ 5 年的目标，既是制订和实施短期目标的依据，又是长期目标的重要组成部分；具有指标量化的特点，并有一定的弹性，在整个目标体系中起着承前启后的作用，也是职业生涯能有效实施和实现的关键	大学生应结合自己的志愿、组织的环境及要求制订中期目标，且目标要有比较明确的执行时间，根据外部环境变化可做适当的调整
短期目标	时间为 1 ~ 2 年的目标，既是中期目标和长期目标的具体化，也是操作性比较强的行动目标，短期目标应该是实现中长期目标的必经之路，是中长期目标的组成部分	大学生在制订短期目标时，应保证目标清晰、准确，契合实际，有明确的完成时间和努力方向

体验探究

在表 5-4 中列出各个阶段的目标，根据 SMART 原则对自己所写的目标进行评估，分析这些目标表述是否明确，在符合 SMART 原则的对应方格中打“√”，对不符合 SMART 原则的目标进行修改。

表5-4　我的小目标

学期目标	月　目　标	周　目　标	S	M	A	R	T
学期目标 1	月目标 1	周目标 1:					
		周目标 2:					
		周目标 3:					
	月目标 2	周目标 1:					
		周目标 2:					
		周目标 3:					
学期目标 2	月目标 1	周目标 1:					
		周目标 2:					
		周目标 3:					
	月目标 2	周目标 1:					
		周目标 2:					
		周目标 3:					

案例阅读

敦煌的女儿

“舍半生，给茫茫大漠。从未名湖到莫高窟，守住前辈的火，开辟明天的路。半个世纪的风沙，不是谁都经得起吹打。一腔爱，一洞画，一场文化苦旅，从青春到白发。心归处，是敦煌。”这是敦煌研究院名誉院长樊锦诗的生动写照。从繁华旖旎的都市走向黄沙漫天的大漠，深居敦煌 50 多年，樊锦诗只做了一件事——用爱和生命守护莫高窟。

1963 年，樊锦诗从北京大学历史系考古专业毕业后毅然奔赴敦煌。那一年，她 25 岁。住土屋，睡土炕，用土桌，坐土凳，喝咸水，吃粗粮……一卷起沙尘暴就更可怕，黑乎乎的风沙铺天盖地压过来。有许多次离开的机会，樊锦诗犹豫过，但最终还是选择留在了敦煌。29 岁时，樊锦诗结婚，夫妻因工作关系长期两地分居。直到 19 年后，丈夫来到莫高窟，他们才得以团聚。

五十载春秋冬夏，樊锦诗走遍了大大小小 735 个洞窟，看遍了每一幅壁画、每一尊彩塑。让敦煌的美丽完完整整地传下去是樊锦诗一生的热爱和追求，她用爱和生命践行着守护敦煌的神圣誓言：潜心石窟考古研究，完成敦煌莫高窟北朝、隋、唐代前期和中期洞窟的分期断代；坚持改革创新，构建“数字敦煌”，开创敦煌莫高窟开放管理新模式，有效地缓解文物保护与旅游开发的矛盾；在全国率先开展文物保护专项法规和保护规划建设，探索形成石窟科学保护的理论与方法，为世界文化遗产敦煌莫高窟文物和大遗址保护传承与利用做出突出贡献，被誉为“敦煌的女儿”。从青春少女到满头华发，樊锦诗守护国宝半个多世纪，她用一生的守望换来了莫高窟壁画的永久性保存。

实训活动

撰写学期行动计划书

请填写表 5-5，制订学期行动计划书（可以是本学期的，也可以是下学期的），思考并回答相关问题。通过总结分析，评估自己实际情况与目标的差距，制订、完善实施方案，直至逐步达成目标。

表5-5　我的学期行动计划

起止时间	阶段目标	是否完成	差距分析	调整方案

探究与思考
（1）审视自己制订的学期行动计划书，你觉得可行吗？
（2）你是否能完成学期行动计划书？你打算怎么做？

任务二

告别空想：制订、评估与调整

学习目标

- 掌握职业生涯规划书的内容和格式
- 了解撰写职业生涯规划书时应注意的问题
- 掌握职业生涯规划评估与调整的方法

情境导入

被打乱的规划

2021 年，小姜拿到一家全球知名咨询公司的入职实习通知，心里的石头终于落了地。小姜是被迫加入就业大军的。大学四年中，他有三年的时间在准备出国留学，坚定地相信自己会在世界名校中拿到硕士甚至博士学位，但突如其来的疫情打乱了他的计划。

2020 年，很多高三学生为不能去学校上课而发愁，小姜陆续拍摄了一系列关于考前复习的视频，不承想竟引来不少关注，还有经纪公司要与他签约。一心想着出国深造的小姜错过了成为“网红博主”的机会。

2020 年冬季，国外疫情愈演愈烈，又恰巧赶上申请留学的关键时期，他是去还是留成了家人争论的焦点。春节期间，全家终于达成一致，小姜放弃出国计划，留在国内找工作。

在找工作这条路上，小姜走得提心吊胆。错过了秋招，没有求职的经验，又想在本专业内就业，小姜一开始并没有获得多少面试机会。后来，他借助学校开展的线上、线下企业招聘宣讲会、就业信息分享微信群等获得了一个又一个笔试、面试的机会。成功入职后，小姜满怀信心地踏上了新的人生征程。

问题与思考：

（1）小姜的成功对你有哪些启示？

（2）你生活中有遇到规划被打乱的情况吗？你是如何应对的？

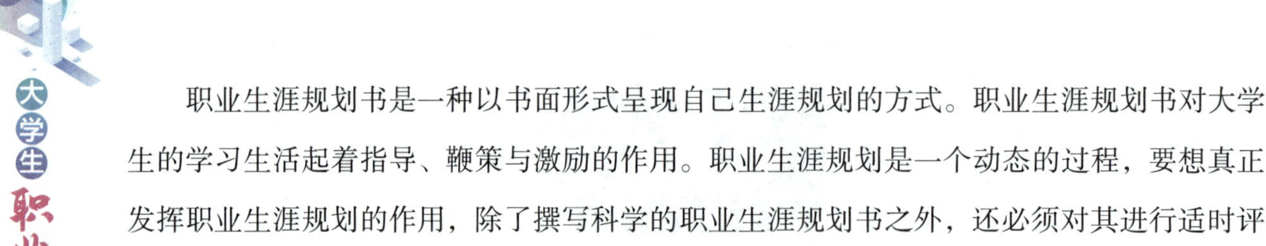

职业生涯规划书是一种以书面形式呈现自己生涯规划的方式。职业生涯规划书对大学生的学习生活起着指导、鞭策与激励的作用。职业生涯规划是一个动态的过程，要想真正发挥职业生涯规划的作用，除了撰写科学的职业生涯规划书之外，还必须对其进行适时评估与调整。

一、职业生涯规划书的内容

职业生涯规划书可分为封面、目录、正文和附表四大部分，这里主要介绍正文部分。正文部分是职业生涯规划书的重点部分，包括自我探索、环境探索、职业定位及目标选择、职业生涯方案设计、评估调整与结束语等。

（一）自我探索

自我探索是指正确地认识自身的素质和条件，一般包括兴趣、能力、性格和价值观认知四部分。在自我探索中，可以通过对自我信息的加工处理形成比较全面的自我认知，并在此基础上思考自己应该成为什么样的人或者应该走什么样的路。大学生可以通过自我观察了解他人对自己的评价，运用相关测试软件等探索自己的兴趣爱好、能力状况、个性特点，澄清自己的优势和劣势，认清自己现实与期望之间的差距。

（二）环境探索

环境探索是指结合自己的专业，了解社会宏观环境、国家政策和事件对行业产生的影响；通过对各种职业环境和组织环境的了解，分析自己想要从事的行业或职业的特性与发展前景；分析当前面临的机遇与挑战，了解影响职业生涯的行业因素，发掘环境条件的特点、发展变化情况及环境对自己有利与不利的因素等；了解用人单位对人才的要求及招聘的方法、工作的范畴与特质，掌握自己理想职业的特点、准入门槛及薪酬状况等。大学生只有充分了解并分析内环境、外环境给自己职业生涯带来的机遇和阻碍，才能够找到适合自己的核心价值目标。

（三）职业定位及目标选择

一个目标意识很强的人，往往更容易获得成功。只有树立了目标，从一开始做准备时就有明确的方向和路线，知道自己要做什么、走向哪里，才能清晰地将工作重心集中到一个点上，充分调动自身的积极性、主动性和创造性。

（四）职业生涯方案设计

在确定了职业生涯目标以后，大学生需要围绕各个时期、不同层次的需要，将学业与职业生涯结合起来，将能力提升与职业发展相互衔接，制订详尽、具体的方案。

（五）评估调整与结束语

评估调整是指在整个职业生涯规划的过程中对所有环节进行检验，对每个步骤的现实状况与目标之间的差距做出评价，对活动过程进行审视，查看是否有因安排不理想、欠周到或因突发状况打乱规划的情况。要及时诊断所出现的问题，找出相应的对策，对规划进行调整和完善，因为必要的调整与修正能够使发展目标更有效率地达成。

职业生涯规划需要不断被评估与修订，包括职业的重新选择、职业生涯路线的选择、人生目标的修正、实施措施与计划的变更等。

在职业生涯规划书的结束语部分，可以针对要完成的职业目标谈谈个人的看法，或表决心，或提出自己的期望，也可以对日后实现职业规划目标的情况进行展望等。

二、职业生涯规划书的格式

一份好的职业生涯规划书应该步骤齐全、思路清晰、论述深刻、目标明确、阶段分明、措施具体，具有可行性，有自己的个性特点；重点突出、内容翔实，没有过度修饰和华而不实的内容；语言通顺、表达清晰，避免语法错误。职业生涯规划书正文内容及格式如表 5-6 所示。

表5-6　职业生涯规划书正文内容

引言：	
第一章　认识自我 （结合相关的人才测评报告对自己进行全方位、多角度的分析）	
1. 个人基本情况	（略）
2. 我的职业兴趣 ——喜欢干什么	通过 ×× 测评分析，我的职业兴趣代码是 ××，得分情况从高到低是 ×× 型（×× 分）、×× 型（×× 分），具有 ×× 的特点（兴趣）倾向。 现实中，我的具体情况是…… 结合测评结果和现实情况，我认为自己倾向于……，可以从事 ×× 类型的职业
3. 我的职业能力 ——能够干什么	我的人才素质测评报告结果显示，×× 能力得分较高（×× 分），×× 能力得分较低（×× 分），具有 ×× 特点。 现实中，我的具体情况是…… 结合以上情况，我认为自己……

续表

4. 我的职业性格 ——适合干什么	写法同 3
5. 我的职业价值观 ——最看重什么	写法同 3、4
第二章　职业生涯条件分析 **（参考人才素质测评报告的建议，对影响职业选择的外部环境进行较为系统的分析）**	
1. 家庭环境分析	如经济状况、家人期望、家族文化等
2. 学校环境分析	如学校特色、专业学习、实践经验等
3. 社会环境分析	如就业形势、就业政策、竞争对手等
4. 职业环境分析	（1）行业分析，如 ×× 行业现状及发展趋势。 （2）职业分析，如 ×× 职业的工作内容、工作要求、发展前景。 （3）企业分析，如 ×× 单位类型、企业文化、发展前景、发展阶段、产品服务、员工素质、工作氛围等。 （4）地域分析，如 ×× 工作城市的发展前景、文化特点、气候水土、人际关系等
5. 职业生涯条件分析小结	（略）
第三章　职业目标的确定及其分解与组合	
1. 职业目标的确定	综合第一章（认识自我）及第二章（职业生涯条件分析）的主要内容得出本人职业定位的 SWOT 分析： 内部环境因素：优势因素 (S)、劣势因素 (W)。 外部环境因素：机会因素 (O)、威胁因素 (T)。 分析：（略）。 结论：职业目标——将来从事（×× 行业的）×× 职业。 职业发展策略——进入 ×× 类型的组织（到 ×× 地区发展）。 职业发展路径——走专家路线（管理路线等）
2. 职业目标的分解与组合	把职业目标分成三个规划期，即短期规划、中期规划和远期规划，并对各个规划期及其要实现的目标进行分解。分段规划，每段可设职务目标、经济目标、能力目标、成果目标、健康目标、学习目标、家庭目标等

续表

第四章　具体执行计划 （每个计划包括计划名称、时间跨度、总目标、分目标、计划内容、策略和措施、备注等）	
1. 短期目标的具体实施计划	计划名称：短期计划（大学计划）。 时间跨度：×××× 年—×××× 年。 总目标：大学毕业时要找到 ×× 职业或者要考上 ×× 研究生…… 分目标：大一要达到……大二要达到……或在 ×× 方面要达到…… 计划内容：如专业学习、职业技能培养、职业素质提升、职业实践计划等。 策略和措施：如大一以适应大学生活为主，要参加 ×× 社团活动，要拜访 ×× 学长和老师，要去图书馆查阅 ×× 资料等；大二以专业学习和掌握职业技能为主，我要…… 备注：提醒自己需要注意的事项
2. 中期目标的具体实施计划	计划名称：中期计划（毕业后 5 年的计划）。 时间跨度：×××× 年—×××× 年。 总目标：如毕业后第五年时要达到……（从内外职业生涯目标来分析） 分目标：如毕业后第一年要……第二年要…… 计划内容：如职场适应、岗位转换及升迁…… 策略和措施：工作第一年以适应职场生活为主，要广泛地建立各种关系，尽快地调整自己的生活节奏，熟悉企业的工作流程和文化……第二年……
3. 长期目标的具体实施计划	计划名称：长期计划（毕业后 10 年或 10 年以上的计划）。 时间跨度：×××× 年—×××× 年。 总目标：如退休时要达到…… 分目标：如毕业 10 年要达到……毕业 20 年要达到…… 计划内容：如事业发展，工作、生活关系，健康，心灵成长，子女教育，慈善等。 策略和措施：（略）
4. 人生总目标的实现	（略）

续表

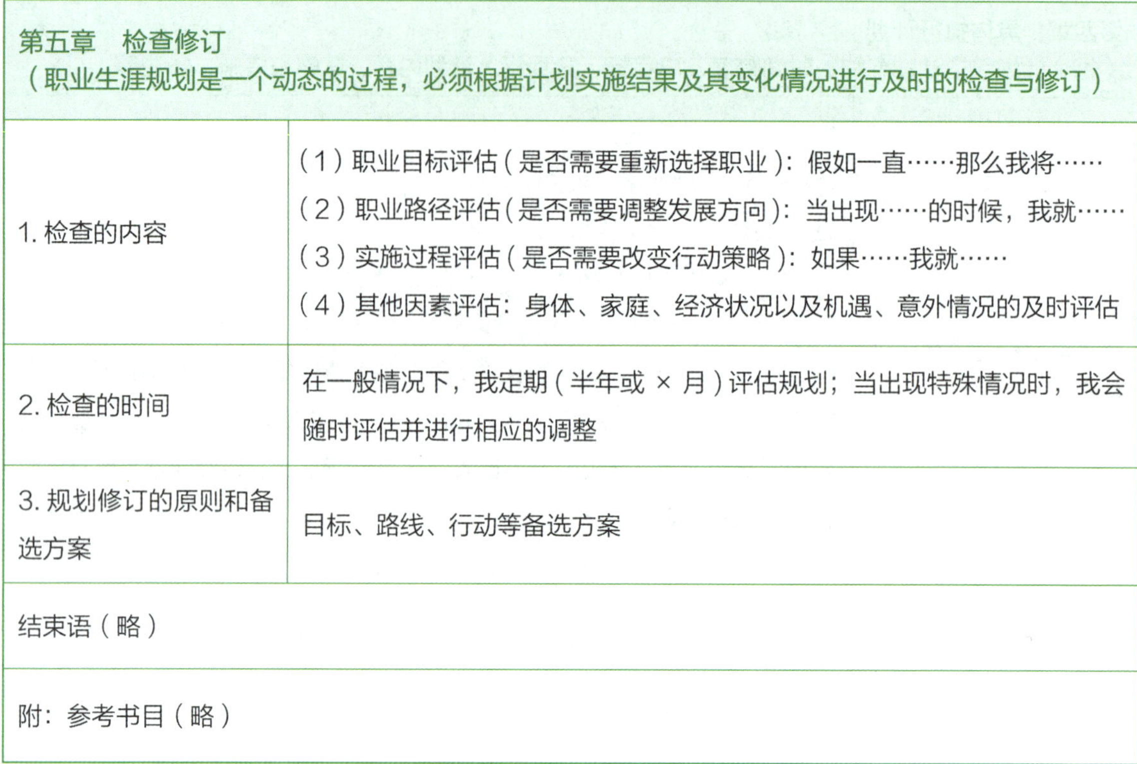

第五章　检查修订 （职业生涯规划是一个动态的过程，必须根据计划实施结果及其变化情况进行及时的检查与修订）	
1. 检查的内容	（1）职业目标评估（是否需要重新选择职业）：假如一直……那么我将…… （2）职业路径评估（是否需要调整发展方向）：当出现……的时候，我就…… （3）实施过程评估（是否需要改变行动策略）：如果……我就…… （4）其他因素评估：身体、家庭、经济状况以及机遇、意外情况的及时评估
2. 检查的时间	在一般情况下，我定期（半年或 × 月）评估规划；当出现特殊情况时，我会随时评估并进行相应的调整
3. 规划修订的原则和备选方案	目标、路线、行动等备选方案
结束语（略）	
附：参考书目（略）	

三、撰写职业生涯规划书时应注意的问题

大学生在撰写职业生涯规划书时，经常出现自我评价不够科学合理、环境探索针对性不强、职业目标确立存在问题、职业生涯规划缺乏实操性、评估调整未受到重视等问题。

（一）自我评价不够科学合理

职业生涯规划书中的自我评价不够科学合理主要表现为对测评工具过于依赖、测评结果与现实情况联系不密切等。

1. 对测评工具过于依赖

测评工具具有较好的概括性，因此，很多大学生选择使用它们来开展自我认知。但有的大学生机械地使用测评结果，甚至随便进行一个测评就给自己贴上标签。大学生应对测评工具保持一种科学的、正确的态度，明确测评工具不是为某个人量身定做的，而是具有一定的共性特征的，不能完全将测评结果看作对自我的真实认知。

2. 测评结果与现实情况联系不密切

面对测评结果，一些大学生不知如何处理，无法将测评结果与个人现实表现、职业生涯目标的论证过程融合，这主要是因为他们忽视了自问、自省、自查等重要的自我认知方法，不懂得根据自己的实际情况对测评结果进行思考、分析。

（二）环境探索针对性不强

环境探索是建立在自我认知基础上的、有针对性的探索。在进行环境分析时，一些大学生存在以下问题。

1. 家庭环境分析较单一

在进行家庭环境分析时，一些大学生只局限于描绘自己的家庭经济状况和父母的期望，很少提及家庭的地理位置、氛围、人际关系资源等，未能将这些因素与自己的职业生涯发展联系起来。

2. 学校环境分析较简单

在进行学校环境分析时，一些大学生只是简单地介绍所在学校的基本情况，未能进一步说明学校性质、办学定位、管理水平、办学特色、师资力量等情况，特别是缺少与自己专业有关的教学水平、学校的强势项目和竞争优势、家长对学校品牌的评价及满意度等内容。

3. 社会环境分析较笼统

在进行社会环境分析时，一些大学生存在表述较为笼统的问题。在分析社会环境时，大学生应从社会形势、政策制度、往年精确的数据入手，对这些进行比对分析。

4. 职业环境分析不到位

在进行职业环境分析时，一些大学生存在分析不到位的问题，未能明确指出某一岗位要求个人具备的学历、专业、技能、素养、职业资格证书等内容。

（三）职业目标确立存在问题

在确立职业目标时，一些大学生存在目标模糊、理想化、体系不统一，分析内容与结论目标不相符，备选目标之间缺乏内在联系等问题。

1. 目标模糊

一份好的职业生涯规划书必须具有明确的目标。一些大学生一开始希望成为公务员，后来又想成为一名教师，目标多变。此外，一些大学生将职业目标简单地确定为“主管”“总经理”“家庭幸福，收入不错”等，缺乏明确性和专业性。

2. 目标理想化

一些大学生盲目乐观，将目标定得过高，执行到位的可能性极低，容易打击个人的积极性，对个人发展不利。树立职业生涯目标时，一定要正视自己的现实发展条件，切忌好高骛远。

3. 目标体系不统一

一些大学生在制订职业目标时，未能弄清楚职业的发展路径。例如，“会计师—项目经理—总经理助理”这一发展路径存在明显的逻辑混乱问题，与现实严重不符。

4. 分析内容与结论目标不相符

一些大学生在确定职业目标时，将自己的主观期望值作为依据。在职业生涯规划书中，无论其前后的分析论证如何全面、完善，这些人的职业目标都会是最初所期待的那个，这很容易导致内、外部环境分析的结果与最终职业定位不符。这种职业生涯规划书缺乏科学性和严谨性，没有实质的指导意义。

5. 备选目标之间缺乏内在联系

在撰写职业生涯规划书时，多数大学生均能为自己制订多个备选目标。差异之处在于，有的大学生制订的备选目标之间具有职业发展的内在联系，有的大学生制订的备选目标之间毫无联系，缺乏职业发展的上升路线，这种混乱的目标不利于大学生职业目标的最终实现。

（四）职业生涯规划缺乏实操性

一些大学生在设定了职业生涯目标以后，未能制订详尽、全面的实施方案，职业生涯规划书停留在了“想”的层面，导致规划无法落实、监控和评估。

（五）评估调整未受到重视

在进行职业生涯规划时，评估调整常被大学生忽略或轻视。“世界唯一不变的就是变化”，计划赶不上变化，根据实际情况对职业发展进行评估并做出适宜的调整，是大学生合理制订职业生涯规划非常重要的手段，贯穿职业生涯规划的全过程。

四、职业生涯规划的评估与调整

职业生涯规划的评估与调整是个人不断认识自己的过程，也是个人不断认识社会的过程，是使职业生涯规划更加有效的有力手段。

（一）职业生涯规划的评估

1. 职业生涯规划评估的具体内容

职业生涯规划的评估包括职业选择评估、职业生涯机会评估、职业能力评估等。

（1）职业选择评估。职业选择评估是通过将个人素质（兴趣、能力、性格、价值观等）指标与某些职业所需要的素质指标进行比较，观察两者是否匹配，筛选出不当的地方并及时进行修正。其主要目的是实现人适其职、职得其人、人尽其才、才尽其用。

（2）职业生涯机会评估。职业生涯机会评估主要是评估各种外在环境对自己职业生涯发展的影响。在制订职业生涯规划时，大学生应充分分析环境的特点、环境的发展变化情况、自己与环境的关系以及环境对自己的有利条件与不利条件，学会在复杂的环境中趋利避害，使自己的职业生涯规划具有实际意义。

（3）职业能力评估。职业能力评估是对个人具有的潜在优势与不足的深入探索，有助于深入了解自己，不断挖掘自己的潜能，更好地把握未来发展方向。

2. 职业生涯规划评估的方法

戴明循环是由美国管理专家戴明（William Edwards Deming）提出的一种全面质量管理方法，又被称为“PDCA 循环”，是一种持续改进的管理方法。它通过“计划—实施—检查—处理”（plan-do-check-action）的循环实现不断完善过程和提高结果的目标。PDCA 循环的四个阶段如图 5-4 所示。

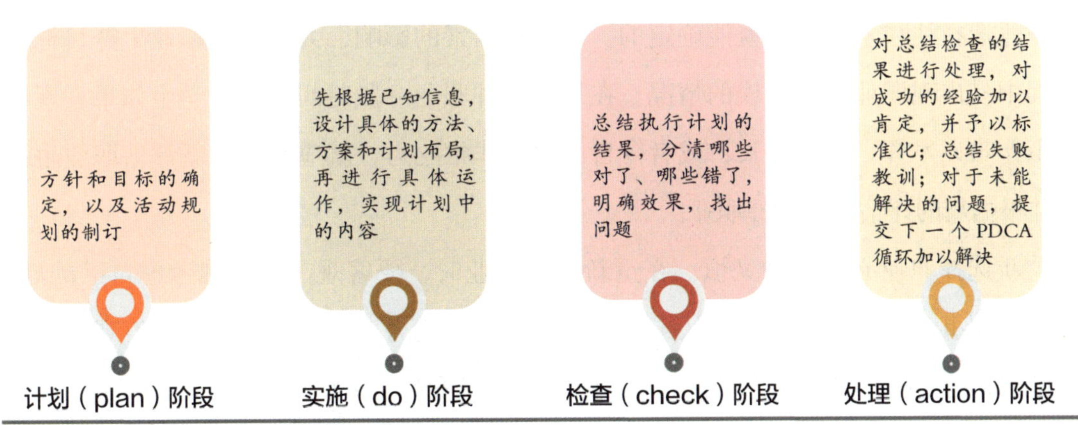

图 5-4　PDCA 循环的四个阶段

这四个阶段又可以细化为八个步骤，具体如表 5-7 所示。

表5-7　PDCA循环的八个步骤

阶　段	步　骤
计划阶段	第一步，摸清现状，掌握情况，发现问题
	第二步，明确目的与要求，分析导致问题的各种影响因素
	第三步，瞄准问题，找出差距，确定实现目标应关注的主要因素，有的放矢地采取措施消弥差距，保证目标的最终实现
	第四步，针对主要原因，采取解决的措施
实施阶段	第五步，执行计划，按计划的要求去做
检查阶段	第六步，检查计划的执行效果，通过自检、互检等方式对结果与预定目标进行评估
处理阶段	第七步，进行总结，把成功经验和失败教训纳入自己的信息库中，将其作为今后提高工作效率的经验。与此同时，为了更好地提高自己的能力，要寻找新的目标，开始新的 PDCA 循环工作
	第八步，把没有解决或新出现的问题转入下一个 PDCA 循环中去解决

（二）职业生涯规划的调整

有学者提出过一个关于成功的公式：

成功 = 明确目标 + 详细计划 + 马上行动 + 检查修正 + 坚持到底

由此可见，要想成功，不仅要有明确的目标、详细的计划和行动的决心，还要在实施的过程中不断根据形势的变化对目标和方案进行修正。职业生涯规划的调整包括职业的重新选择、职业生涯目标的修正、实施措施与计划的变更等。

1. 职业的重新选择

职业选择往往不是一次就能确定的。受多种因素的影响，大学生在职业生涯目标的设定过程中易出现职业选择错误的情况。在从事某种职业一段时间后，大学生如果发现所从事的工作难以发挥自己的特长，或者令自己感到非常吃力，就应及时重新评估职业生涯规划，并根据新的评估结果选择职业。

重新选择职业必须慎之又慎。在重新选择职业时，要客观、全面地考虑自己的处境，不可感情用事；全面考虑自己所从事的工作与自身的能力、兴趣、个性、价值观等是否存在不可调和的矛盾；确定新的职业生涯目标，并做好重新选择职业生涯目标的善后工作。

2. 职业生涯目标的修正

职业生涯目标的修正按性质不同，可分为外职业生涯目标的修正和内职业生涯目标的修正；按时间不同，可分为短期目标的修正、中期目标的修正、长期目标的修正和终身目标的修正。大学生进行职业生涯目标修正的频率不宜过高，应以实际需求为基础；具体操作时，应在前期方案实施效果评估的基础上，充分考虑影响职业发展的各种因素，制订符合自身实际的修正方案。

3. 实施措施与计划的变更

职业生涯目标的完成是一个逐步优化、完善的过程。在实施方案的过程中，当实际成效不理想或者与预定目标存在较大的差距时，应重新审视自己的实施措施是否恰当，是否需要改变实现目标的方式。

通过变更手段，大学生既能避免在职业规划初期信息不充分的情况下制订无谓的长期详细计划，又能在职业生涯目标实现的过程中根据个人实际的进展情况及时制订可行的详细计划。大学生职业生涯规划是一项复杂而持续的工作，要以发展的眼光，根据动态环境的变化随时修正更新。

逐梦不必去远方

王昌是一名“95后”，2018年毕业于广西一所高校的设计专业，他经过深思熟虑，放弃了前往江苏南京一家企业发展的机会，执意回到家乡创业。

回乡后，他观察到，农业机械化在村里刚刚兴起，但村民思路还很传统——哪怕只有几十亩土地，平时也得养台农机，种地也只是小打小闹，而这会造成资源浪费。他想通过土地流转实现土地集中连片经营，将村民从土地上解放出来。

“说干就干，我还年轻，有试错的机会。”王昌开始在农村推广机械化，动员村民带机械入社，合作社再雇用机手统一提供耕、种、管、收服务，年底统一分红。从自有的一台收割机起步，王昌联合4位村民通过自家农机入股，成立了农机专业合作社。

为了带动更多村民加入，打消村民的疑虑，王昌积极学习管理知识、农业技术，学习驾驶旋耕机、收割机、拖拉机、插秧机、铲车、叉车以及操作植保无人机。当看到4台收割机械收到了32万元的作业费后，村民纷纷加入。

近年来，王昌的合作社不断购买新设备，拓展水稻插秧、无人机飞防等业务，已经拥有大大小小机械设备130余台，成员65人，业务向江苏等长三角地区拓展。王昌知道只有创新才能发展，他又突破传统农业生产认知，推行“互联网＋农场＋合作社＋农民”的销售模式，打造出自己的大米品牌，通过委托生产、订单农业来提升农产品精加工能力，涵盖了粮食烘干，大米加工、包装、销售等全流程。

王昌每天都和一些农业机械“大家伙”打交道，全身心投入带动百姓致富的事业。他前进的步伐未曾停歇，他常说：“逐梦不必去远方，家乡一样铸辉煌。”

实训活动

开展班级讨论会

请以表5-8的阅读背景材料开展班级讨论会，使学生熟练掌握职业生涯规划评估与调整的原则和途径，掌握全方位自我评估的方法，并完成相关问题。

表5-8　讨论会实施的流程

<table>
<tr><th>流　程</th><th colspan="2">内　容</th></tr>
<tr><td>阅读背景材料</td><td colspan="2">学生A大学学习的是国际贸易学专业，但英语成绩并不好。面对就业形势和找工作的现实，A找了一家小规模的外贸公司做外贸业务员。转眼工作一年多，A不但在业绩上毫无起色，也从开始的乐观变得消沉，情绪也变得不稳定。
由于业务压力大，A晚上开始失眠，想得最多的就是跳槽、换行业，可又不知道什么行业适合自己、自己适合做什么工作、自己的兴趣是什么、自己的所长是什么。
由于工作需要，A经常在网上浏览一些帖子，发现一些公司非常缺少文宣人员。A在大学时就在学生会宣传部从事公众号推文、编辑和网站管理等工作。A认真地进行了自我分析，开始积极收集这方面的信息，努力提升自己在宣传方面的能力。一段时间后，在朋友的鼓励下，A毅然辞去了外贸业务员工作，进入了自己感兴趣的网络媒体宣传和维护行业</td></tr>
<tr><td rowspan="4">探究、讨论与分享</td><td>问　题</td><td>结　果</td></tr>
<tr><td>A在职业路上的第一份工作不是很顺心，为什么？</td><td></td></tr>
<tr><td>面对自己不适应的外贸业务员工作，A是如何进行调整的？</td><td></td></tr>
<tr><td>A的事例对你有什么启发？</td><td></td></tr>
</table>

项目六 管理·提升职业素养

寄语

有人说：『人生不一定要远行，手边的光阴也一样有你想要的答案；人生不一定要有珍馐美味，一顿家常菜也能让你开心一整天；人生未必要遇见多么伟大的友谊，一位平常的故人也能温暖你的人生。』爱生活，更爱自己，把每一寸光阴都变得美好，每一次的狼狈都会变得微不足道。

思维导图

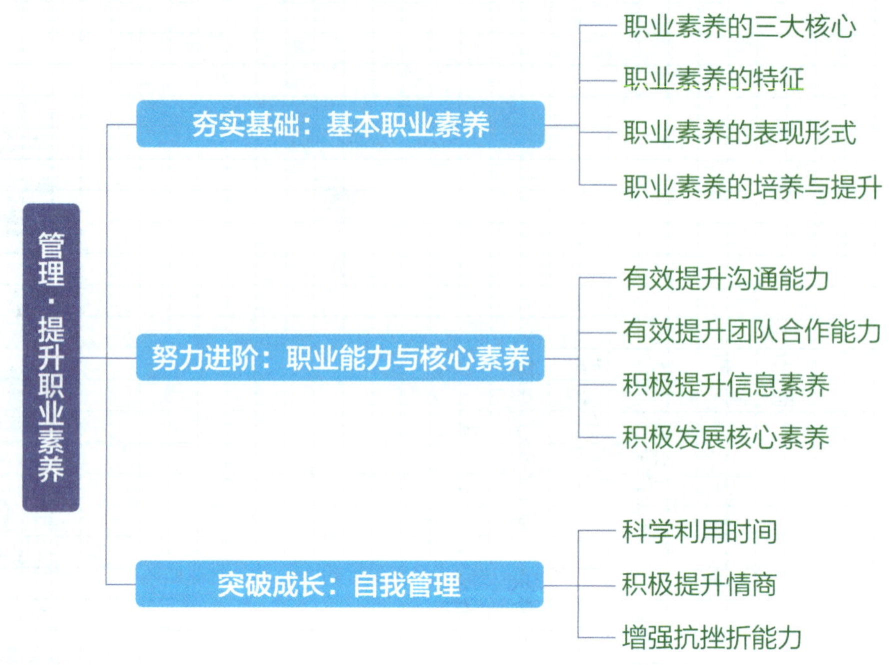

课前热身

素养是通过训练和实践而获得的一种道德修养。《汉书·李寻传》说：“马不伏历，不可以趋道；士不素养，不可以重国。”这里的“素”是日常之意，“素养”就是日积月累出来的修养。我国历史文化悠久，古人历来重视道德修养，书中也不乏相关论述，如“静以养身，俭以养德”。你还知道哪些与道德修养相关的经典语录？请将它们填在图 6–1 中。

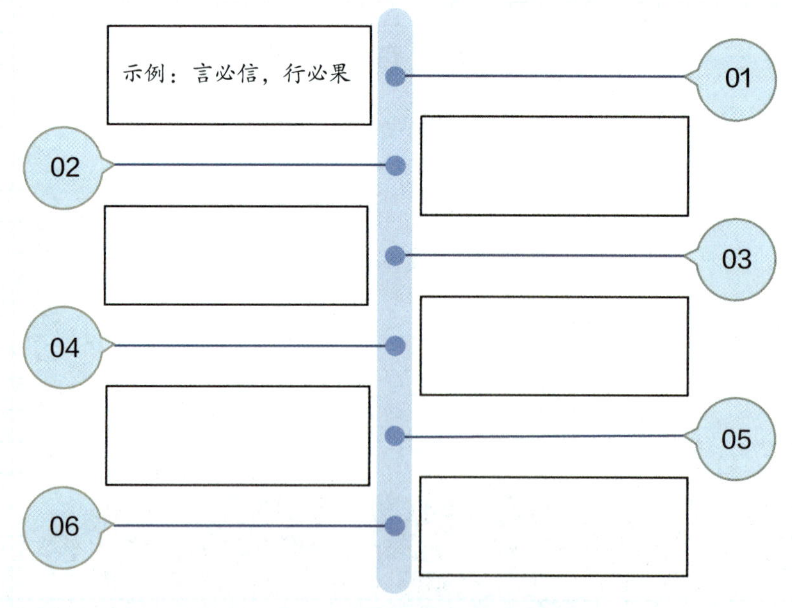

图 6–1　与道德修养相关的经典语录

任务一

夯实基础：基本职业素养

学习目标

- 掌握职业素养的含义、核心与特征
- 掌握社会主义职业道德的内容
- 了解职业行为规范

情境导入

20 秒拯救一车人

王统国是某客运线的一名驾驶员。他从业多年，工作认真负责。2023 年 4 月 22 日下午，他像往常一样，从客运线起点发车。5 点 22 分，王统国突感不适，身体不由自主地开始倾斜。当意识到身体出现问题后，王统国强忍着疼痛，握紧方向盘，减速、靠边、停车、拉手刹……顺畅地完成了一系列安全停车措施。车稳稳停在了路边，车上的乘客安全了，但王统国却倒下了。在生命的最后时刻，这位从业多年的司机用行动确保了乘客平安。

问题与思考：

（1）从王统国身上，我们能看到哪些职业素养？

（2）在大学期间，我们能够培养和提升哪些职业素养？

职业素养是人们在社会活动中应当遵守的行为规范，是人们在一定的生理基础和心理基础上通过实践、学习等途径形成的，在社会活动中表现出的内在的、相对稳定的基本品质。这些基本品质体现在职场上就是职业素养，体现在生活中就是个人素质或道德修养。个体职业行为的总和构成自身的职业素养，职业素养是内涵，个体职业行为是外在表象。

一、职业素养的三大核心

职业素养的核心包含职业信念、职业知识和技能与职业行为习惯。

（一）职业信念

职业信念（图 6-2）是职业素养的核心，是一个人确信并愿意作为自身行动指南的认识或看法。职业信念一旦形成就很难改变，它体现着一个人对职业的敬重与热爱，是一个人对事业执着追求的内在动力。

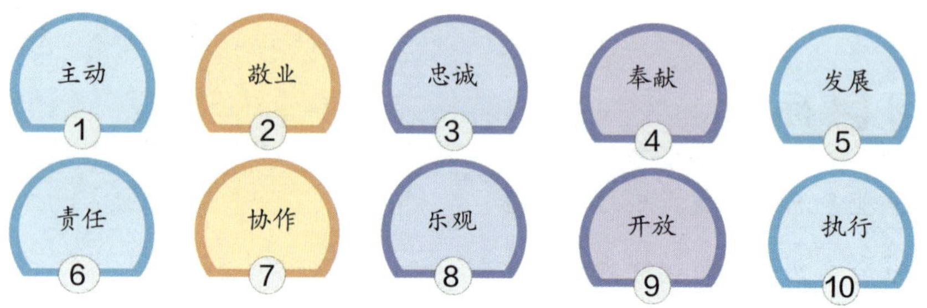

图 6-2　职业信念关键词

（二）职业知识和技能

职业知识和技能是指个人从事某种职业应该具备的专业知识和能力。俗话说，“三百六十行，行行出状元”，每一种职业都需要对应的专业知识与职业技能。人们无论从事哪一种职业，若想把本职工作做好，都离不开过硬的专业知识与精湛的职业技能。常见的职业技能主要有技工类技能、餐饮类技能、工程机械类技能、服装设计类技能、美容化妆类技能、汽修类技能等。

（三）职业行为习惯

《职业教育提质培优行动计划（2020—2023 年）》指出，加强职业道德、职业素养、职业行为习惯培养，职业精神、工匠精神、劳模精神等专题教育不少于 16 学时。职业行为习惯是职业素养的外在表现，是建设职业化队伍不可缺少的重要内容。如果想要正确的职业信念、良好的职业技能发挥作用，人们就必须不断练习直至使其成为习惯。

二、职业素养的特征

1. 职业素养具有职业性

职业性是职业素养的基本属性，不同职业的职业素养不同，在工作性质、岗位要求、专业能力等方面存在较大的差异。

2. 职业素养具有稳定性

职业素养一旦形成，便会在从业人员的个性品质中稳定地表现出来。

3. 职业素养具有内在性

内在性是指有意识地内化、积淀和升华的一种心理品质。从业人员在长期的职业活动中，经过自己学习、认识和亲身体验，知道怎样做是正确的，怎样做是错误的。

4. 职业素养具有整体性与发展性

从业人员的职业素养与其自身整体素质有关。社会发展不断对个体提出新要求，个体为了更好地适应社会的发展，必须不断提高自身的综合素质。

体验探究

对从业者来讲，想要胜任某个职位，除了需要掌握相关技术外，还要具备基本职业素养，在职业道德、职业情感、职业行为等诸多方面达到一定的要求。当今社会，从业者应具备一专多能、较强的职业变换能力及责任心等。学生分组进行讨论，说一说大学生应该如何培养职业素养，并将讨论结果填在图 6-3 中。

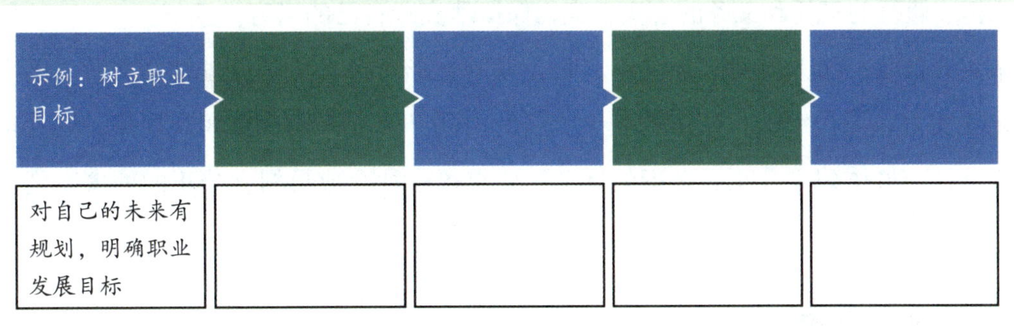

示例：树立职业目标				
对自己的未来有规划，明确职业发展目标				

图 6-3　大学生培养职业素养的方法

三、职业素养的表现形式

（一）社会主义职业道德

职业道德是职业素养在实践活动中的具体表现之一，是与人们的职业活动紧密联系的符合职业特点要求的道德准则、道德情操与道德品质的总和，是职业品德、职业纪律、专业胜任能力及职业责任的总称。

社会主义职业道德是社会主义各行各业的劳动者在职业活动中必须共同遵守的基本行为准则，包括五个方面：爱岗敬业、诚实守信、办事公道、热情服务、奉献社会。

1. 爱岗敬业

爱岗敬业是职业道德的核心规范，既是一个人的职责所在，也是一个人成才的内在要求。爱岗是指一个人热爱自己的本职工作，为做好本职工作尽心竭力，能以正确的态度对

待各种职业劳动，积极培养自己的职业荣誉感、幸福感。

敬业是指一个人专心致志以事其业，对工作持有一种恭敬、严肃的态度，不论事情大小，都能认真负责、任劳任怨、精益求精。

爱岗敬业是职业道德的基础，爱岗是敬业的前提，敬业是爱岗的延伸。一个热爱本职工作的人，必然会兢兢业业地工作，为社会主义事业奉献终生。

2. 诚实守信

诚实守信是社会主义核心价值观和公民基本道德规范的重要内容，是中华民族的传统美德之一，是人们在职业活动中处理人与人之间关系的道德准则。诚信也是民法的一项基本原则。《中华人民共和国民法典》第七条规定："民事主体从事民事活动，应当遵循诚信原则，秉持诚实，恪守承诺。"

诚实就是表里如一，言行一致；守信就是信守诺言，讲信誉，重信用，忠实履行自己承担的义务。诚实和守信密不可分。诚实是守信的基础，守信是诚实的具体表现。诚实侧重于对客观事实的反映是真实的，对内心的思想、情感的表达是真实的；守信侧重于对自己应承担、履行的责任和义务的忠实，毫无保留地实践自己的诺言。

诚实守信是一个人安身立命之本，是企业的无形资产，更是促进社会文明、国家兴旺的文化软实力。当代中国，诚信被赋予了新的内涵：要求人们尊重客观规律，树立求实精神；要求社会群体建立公正、合理的制度；要求每个社会成员树立公正的处事态度和大公无私的道德观念。

体验探究

"诚者，天之道也；思诚者，人之道也。"（《孟子·离娄章句上》）千百年来，诚实守信作为民族基因一直流淌在我们每个人的血脉之中。请仔细想一想自己在生活中践行过或者感受过哪些诚信行为，并将大家的讨论结果写在图 6-4 中。

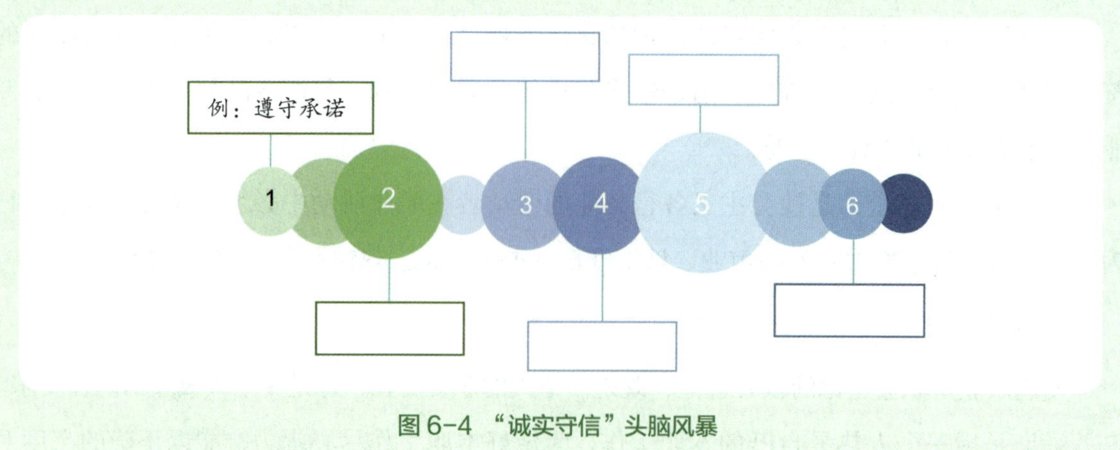

图 6-4 "诚实守信"头脑风暴

3. 办事公道

公道就是公平、正义。办事公道是指从业人员在处理各种职业事务时客观公正，对不同的服务对象一视同仁，秉公办事。办事公道是为人民服务的前提条件，是提高服务质量的基本保证。办事公道要求人们做到客观公正、遵纪守法、坚持原则、廉洁奉公。

4. 热情服务

热情服务是新时代对公民职业道德和社会公德提出的重要要求之一，强调人们在服务过程中要积极、主动、热心，以真诚、友善和专业的服务满足社会和他人的需求。热情服务原则要求人们在服务过程中保持积极主动的态度，不仅要有高度的责任感，还要能够主动发现问题、解决问题，并积极为客户提供帮助和建议；保持真诚友善的态度，用微笑、亲切的语言和态度对待每一位客户；有热情的服务态度，具备专业精湛的服务技能；认真对待每一个环节，确保服务的每一个细节都做到位，让客户感受到无微不至的关怀和温暖；在服务过程中不断反思、改进，积极收集客户的反馈意见，了解客户的需求和期望，及时调整服务方式和策略，以满足客户的需求；等等。

群众路线

群众路线是中国共产党的生命线和根本工作路线，是中国共产党永葆青春活力和战斗力的重要法宝。习近平总书记强调，要“树牢群众观点，贯彻群众路线，尊重人民首创精神，坚持一切为了人民、一切依靠人民”①。任何一项伟大事业要想成功，都必须从人民中找到根基、从人民中集聚力量、由人民来共同完成。中国式现代化是全体人民的共同事业，是一项充满风险挑战、需要付出艰辛努力的宏伟事业，必须始终站稳人民立场，紧紧依靠人民，坚持全体人民共同参与、共同建设、共同享有。

5. 奉献社会

奉献社会是指人们要履行对社会、对他人的职业义务，自觉、努力地为社会、为他人做贡献。当社会利益与局部利益、个人利益发生冲突时，人们要把社会利益放在首位。奉献社会是职业道德的出发点和归宿，也是社会主义职业道德的最高境界和最终目的。

视频
职业道德与工匠精神

① 习近平．习近平著作选读：第一卷[M]．北京：人民出版社，2023：58.

（二）职业行为规范

规范是指规则和标准，行为规范是社会群体或个人在参与社会活动时所遵循的规则、准则的总称。现代社会的各种活动都是建立在分工协作的基础上的，随着生产社会化的发展，现代化大生产的分工协作越来越细，这就需要用行为规范来确立成员之间的分工协作关系。

职业行为规范是在职业发展需要、从业者需要及价值判断的基础上逐步形成和确立的，是从业者在职业活动中必须遵循的标准或原则。职业行为规范指导全体从业者可以做什么、不可以做什么和怎样做，是社会价值观的具体体现和延伸。

每一种职业都对从业者的行为有着规范的要求（图 6-5），这些要求既有共性又有个性。职业行为规范对全体从业者起着引导、规范和约束的作用。

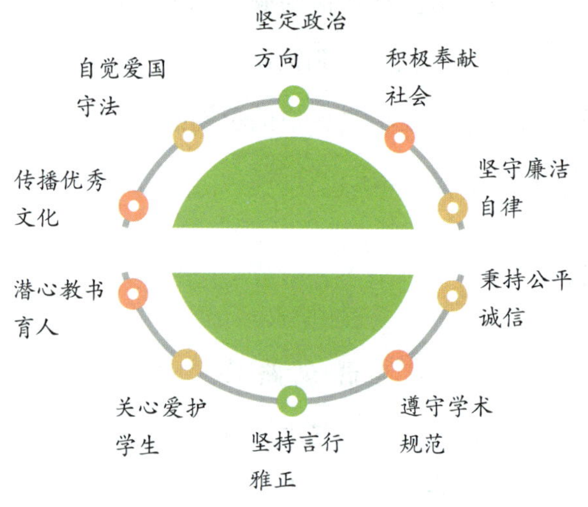

图 6-5　教师职业行为十项准则

四、职业素养的培养与提升

大学阶段是培养与提升职业素养的重要时期。大学生应从基础的、通用的职业素养抓起，因为这些素养是任何行业、任何岗位都必须具备的。

（一）树立职业理想

职业理想是指人们在一定的世界观、人生观和价值观的指导下，对其在未来所从事的职业及事业上获取成就的追求和向往，是人们在职业上依据社会要求和个人条件确立的奋斗目标。树立正确的职业理想是大学生在制订职业生涯规划过程中迈出的重要一步，这不仅有助于求职择业的成功，而且有助于就业后在职业岗位上施展才华，最大限度地实现自己的人生价值。

（二）加强理论学习

大学期间，大学生应重视理论知识的学习与积累，用理论武器武装自己的头脑，只有这样才能形成科学的方法并指导实践，让自己未来的事业与工作更加顺利。

（三）向优秀的人学习

想成为优秀的人，就要向优秀的人学习，这是适合任何人的学习方式，也是成长最快的路径。大学生可以学习他们的思维与方法，在生活中慢慢摸索与实践；学习他们坚持不懈、迎难而上、勇于挑战等可贵的品质；学习他们“博学多识”的才气，培养自己广泛阅读的习惯。

（四）端正工作态度

无论未来从事哪种工作，大学生都要端正自己的工作态度，做到认真负责、一心一意、任劳任怨、精益求精。只有在自己的工作岗位上认真工作，才能在激烈的竞争中立于不败之地。

（五）积极参加社会实践

社会实践能够引导大学生走出校门、走进社会，进而认识社会、服务社会，将自己所学的理论知识与实践相结合，促进健康成长。通过社会实践活动，大学生能够更新观念，树立正确的世界观、人生观、价值观。

案例阅读

匠心锻造航天重器

邹峰是湖北三江航天红林探控有限公司的数控车工，主要从事航天关键复杂零部件的生产和加工。航天产品无小事，工作30多年来，他对每一件经手的产品都精益求精、精雕细琢，用工匠精神确保零差错。

1990年，邹峰从航天技校毕业后被分配到国营红林机械厂机械加工车间工作。不久，公司引进第一批数控机床，操作说明书是英文的。邹峰买来英汉词典，一个词一个词对照着查阅，每天自学到深夜，用3个月时间掌握了操作技术，成为所在单位首批数控车工。

航天技术迭代快，新需求、新产品层出不穷，挑战接踵而至。有一年，邹峰所在单位接到某型号产品的加工任务，这是个钛合金异形内腔件，关键部位的厚度只有一张普通A4纸的厚度，加工难度极高，很多人都觉得不可能完成。邹峰走路、吃饭甚至睡前都在琢磨这个难题，最终首创了多刀接力加工方法，采用自制磨削特殊刀具加工，将不可能变成了可能。

刀具是数控车床的核心工具，数控刀具型号多达2.7万余种，邹峰一看刀具型号，就能知道它的性能参数及加工范围，被同事们誉为“活刀谱”。近年来，邹峰参与了20多种航天产品的加工制造，发表技术成果论文20多篇。

单位成立了以“邹峰”命名的全国示范性劳模和工匠人才创新工作室。“我们要更上一层楼，不断提高工艺水平。”邹峰说，“面对技术难题，就要有一股永不服输的执拗劲儿，用专注和精益求精的精神锻造航天重器。”

实训活动

以实际行动奉献社会

奉献是不求回报地付出，是志愿服务的精神基础。实现中华民族伟大复兴的中国梦，需要千千万万个默默耕耘的奉献者和脚踏实地的实践者。请结合实际想一想，大学生奉献社会的途径和方式有哪些，并参考示例将自己或者身边朋友参与过的行动写在表6-1中，完成相关问题的调查。

表6-1　奉献社会我能行

主　题	任　务	具体做法	收　获
示例： 环境保护	点滴生活 节能减排	（1）在日常生活中做好垃圾分类。 （2）参与植树造林活动。 （3）减少使用或不使用塑料袋。 （4）节约用水、用电，绿色出行	（1）社会责任感。 （2）健康的生活方式。 （3）良好的生活习惯。 （4）人生的意义

任务二

努力进阶：职业能力与核心素养

学习目标

- 掌握有效提升沟通能力的方法
- 了解并积极发展核心素养

情境导入

全国技能大赛

中华人民共和国职业技能大赛（简称“全国技能大赛”）是我国规格最高、项目最多、规模最大、水平最高、影响最广的综合性国家职业技能赛事。大赛旨在以赛促学、以赛促训、以赛促建，不断完善技能人才的培养、使用、评价、激励机制。2023年9月，第二届全国技能大赛举办，它以“技能成才 技能报国”为主题，涉及制造业、信息技术、交通运输、建筑业、服务业、采矿业等15个国民经济行业门类，覆盖75%的国民经济行业门类。与第一届大赛相比，第二届大赛增加了20个新职业和数字技术技能类赛项，对增强新职业从业人员的社会认同感、促进就业创业具有重要意义；同时，新增智能制造工程技术、人工智能工程技术等5个专业技术类竞赛项目，与技术技能融合发展趋势更贴合。

问题与思考：

（1）你身边的同学有参加过全国技能大赛的吗？如果有，他们有什么收获？

（2）在国家大力发展职业教育、建设技能型社会的今天，大学生如何才能尽展其才？

职业能力是指一个人在特定的职业活动或情境中，将自己所拥有的知识、技能、态度等进行类化迁移与整合，从而完成一定职业任务的能力。个人的职业能力越强，其职业生涯发展越顺畅，越有利于形成良性循环，取得事业上的成功。核心素养是一个人应具备的、能够适应终身发展和社会发展需要的必备品格与关键能力，与职业能力的发展

一脉相承。

一、有效提升沟通能力

沟通是人类交往的基本过程和重要载体，是两个或两个以上的人通过信息传递的途径交流信息，以达成对一个特定信息的相同理解。沟通能力是一个人生存与发展的必备能力，也是决定一个人成功与否的必要条件。通过沟通，人们可以表达自己、了解别人，从而建立和谐的人际关系。

（一）遵循有效沟通的原则

在沟通过程中，人们应遵循准确、及时、同理心等原则。

视频
高效的沟通

1. 准确原则

准确是沟通的基本原则和要求。这里的准确是指沟通内容、使用的概念、表达方式等应准确。在沟通中，只有所用的语言和方式能为对方所理解，沟通才会有效。

2. 及时原则

信息具有时效性，只有得到及时反馈的信息才有价值。沟通时，不论是向下传达信息，还是向上提供信息，或者与横向部门沟通信息，都应该遵循及时原则。

3. 同理心原则

感情共鸣是沟通的润滑剂，也就是人们常说的同理心，是指一个人能够设身处地为他人着想。只有建立同理心，人与人之间才能实现有效的沟通与表达，才能很好地相互倾听，从而创建良好的沟通情境。一个人只有真正做到从他人的角度出发考虑问题，才能轻松地理解他人、宽容他人，人与人之间的交流才会更融洽，避免很多矛盾。

体验探究

有一个秀才去买柴，他对卖柴的人说：“荷薪者过来。”卖柴的人不明白“荷薪者”的意思，但是听懂了“过来”二字，于是把柴担到秀才面前。秀才问道：“其价几何？”卖柴人不太理解这句话，但听得懂“价”这个字，于是说了价钱。秀才又说：“外实而内虚，烟多而焰少，请损（降价）之。”卖柴的人听不懂秀才说的话，担着柴走了。

这是一个非常有趣的小故事。请与同学一起探讨，说一说这个故事给你带来了哪些启示。

（二）避免陷入沟通误区

告知不等于沟通，“跟他说了”不等于“跟他沟通了”。沟通最终要达到的目的是形成共识，保证一方传达的内容被另一方充分地接受、理解和确认。沟通必须是双向的信息交流。

聊得热闹不等于好的沟通，若无法切中主题，再热闹的聊天也只能得出无用的结论。

（三）有效沟通的步骤

有效沟通的步骤有注意、了解、接受、行动。注意是指沟通要能引起对方的关注，围绕对方感兴趣的话题展开。了解是指双方在进一步交流之后，挑起话题的一方积极观察和了解对方的生活习惯及需求，以寻求将沟通更好地延续下去。接受是指对方接受挑起话题一方的思路、想法，双方开始建立最基本的信任。行动是指对方在接受思路、命令之后，会立即采取行动，确保自己尽快实现既定目标。

体验探究

从学生中选取6人参加活动。其中，1人负责准备故事，摘录一个不太长的故事，以3小段为宜，不要用热门的新闻。老师将参加活动的其余5人按数字排序。1号留在教室内，2~5号在教室外等候。负责找故事的学生把内容念给1号听，整个过程中不许提问或做记录；1号听完后，2号进教室，1号将所听内容复述给2号；3号进教室，2号将听到的故事复述给3号听……以此类推。5号复述完内容后，游戏结束。最后，全班学生围绕图6-6中的问题展开讨论。

1 每个人在复述时，是否遗忘了一些内容？它们分别是哪些？

2 在传递故事的过程中，出现了哪些错误或删改？

3 在现实生活中，我们可以采取哪些方法减少信息误传？

图6-6 游戏问题探讨

二、有效提升团队合作能力

合作是一种能力，更是一种艺术。个人善于与人合作，能获得更大的力量、争取更大的成功。良好的合作能够使人突破自身的局限，将自身的优势与他人的优势相结合，通过与他人建立互利互惠的合作关系实现双赢或多赢。要想提高团队合作的能力，就需要做好

以下几方面工作。

（一）建立积极的沟通渠道

团队合作离不开成员之间的良好沟通。积极、开放的沟通渠道有利于团队成员开展有效沟通。在团队中，应尽量采取面对面的沟通方式，倾听和理解他人的观点，清晰明确地提出自己的问题、表达自己的想法，以免让他人产生误解。

（二）坚持互信与尊重原则

互信与尊重是团队合作的基础。在进行团队合作时，首先要学会尊重他人的意见、经验，认可他人的贡献和价值；其次要遵守承诺，尽力帮助他人，建立良好的人际关系。

（三）明确团队目标与角色

一个高效的团队必然有清晰的奋斗目标。在进行团队合作时，首先要确保每个成员对团队愿景和目标有清晰的认识；其次每个人成员要明确自己的角色和职责，了解自己在团队中的作用和价值，能将个人目标与团队目标紧密地结合在一起。

（四）掌握解决冲突和处理问题的技巧

在团队合作中，冲突与问题在所难免，关键是如何有效地解决问题，避免问题扩大化。当面对某一冲突或问题时，大学生要保持冷静，避免做出情绪化和攻击性的行为，主动寻找解决方案，耐心倾听他人意见。

视频
共赢思维

知识延伸

解决团队冲突的五种方法

团队中的冲突表现为团队与团队之间的冲突、团队成员之间的冲突、上下级之间的冲突等。学者倪云华在《团队就是人心齐》一书中将解决团队冲突的方法归纳为五种，即回避、竞争、退让、妥协和协作。他对这五种方法做了形象的说明：“一个橘子，你想要，我也想要，如果都不争，这是‘回避’；如果不管不顾，只管抢橘子，这是‘竞争’；如果我考虑到你更需要这个橘子，因此把橘子让给你，这是‘退让’；如果把橘子掰开，一人一半，这是‘妥协’；如果坐下来共同探讨为什么想要这个橘子，原来我要吃橘子肉，你要橘子皮做糕点，两个人的需求都得到满足，这是‘协作’。”[1]

① 倪云华．团队就是人心齐[M]．南京：江苏凤凰文艺出版社，2019：21．

三、积极提升信息素养

21 世纪是高科技时代、航天时代、基因生物工程时代、纳米时代……随着时代的发展与社会的进步，互联网技术越来越普及，信息化、网络化迅猛发展，信息素养成为个人重要的能力素质之一。信息素养为个人终身学习、生存发展以及建设学习型社会、培养创新人才提供了重要的基础。

（一）信息素养的含义

信息素养是一个不断发展的概念，信息素养的含义随着信息技术的飞速发展不断丰富和扩展。信息素养是指个人对信息进行获取、加工整理、分析、评价、管理、表达与交流的能力，是社会、文化、技术、科学发展的综合产物，可以从技术和人文两个方面进行理解。信息素养具体包括五个方面的内容，如图 6–7 所示。

图 6–7 信息素养五个方面的内容

（二）信息素养的构成要素

信息素养主要由四个要素构成，即信息意识、信息知识、信息能力和信息道德。

1. 信息意识

信息意识是指人们对新信息的敏锐度、保持追求新知识的热情，对信息在科学研究、实践、活动中的性质、价值及功能的认识。信息意识的强弱决定了人们获取、判断、利用信息的自觉程度。具备信息意识的人能认识到信息社会发展的必然趋势，顺应、接受信息与技术的渗透和应用，并端正自己对待新技术的观念和态度；会对信息产生积极的内在需

求，主动关注、获取、运用、传播这些信息；具有敏锐的洞察力，能够有效地发现有价值的信息，找到信息问题的关键。

2. 信息知识

信息知识是指一切与信息有关的理论、知识和方法。中国学者徐晓东将信息知识分为传统文化素养、信息的基础知识、现代信息技术知识和外语四部分，其中，传统文化素养指读、写、算的能力。在信息时代，学生必须具备快速阅读的能力，只有这样，才能有效地在各种各样、成千上万的信息中获取有价值的信息。

3. 信息能力

信息能力是指人们获取、处理信息的能力，包括检索信息、组织信息、利用信息的能力。信息能力的强弱很大程度上决定着个人社会活动的能力及工作能力。较强的信息能力有助于个人在纷繁无序的信息中筛选、鉴别出自己所需要的信息并加以充分利用。除此之外，信息能力还同批判性思维、问题解决能力等联系在一起，成为一种高级认知技能。

具体来讲，信息能力的构成因素主要包括收集信息的能力、判断信息的能力、表现信息的能力、处理信息的能力、创造信息的能力、发布与传递信息的能力。这六个因素具有一定的独立性，其中任何一个都不能被另一个所替代。信息能力是这六个因素的综合，任何现实问题都是依靠对六个因素的综合应用来解决的。

4. 信息道德

信息道德是指在信息的采集、加工、储存、传播、使用等信息活动各个环节中的道德规范，如尊重知识产权、不侵犯他人合法权益、不传递不良信息等。高尚的信息道德是保证信息行为正确的关键，信息道德关系整个社会信息素养的发展方向。信息道德能够启示人们正确地认识自己在信息活动中对他人、对社会应负的责任，从而正确地选择自己的信息行为；能够规范个人和团体的信息行为，从而使人们在信息活动中的关系变得和谐与友好；能够提高人们在信息活动中的道德水平，使人们懂得什么是应该崇尚的、什么是应该摒弃的，从而树立正确的信息价值观念。

（三）提升大学生信息素养的途径

任何人都不可能在短时间内具备较高的信息素养，而需要不断地从检索中获取经验，在寻找、选择、评价信息和思想的过程中逐渐提升自己的信养素养。提升大学生的信息素养已经成为素质教育的核心要素。

信息技术教育是提升大学生信息素养的主要途径之一。信息技术教育主要包括信息技术教育课程、信息技术与其他课程的整合。在讲授信息技术教育课程的同时，教师要积极努力地探索整合信息技术与其他课程的思路与方法，在课堂上应用现代信息技术，把信息技术教育真正融入其他课程中，通过学校教育渠道提升大学生的信息素养。

学习信息技术课程必须基于自主学习和协作学习的环境，让大学生自主探究、主动学习，真正成为学习的主体。教师是课程的设计者和大学生学习的指导者，可以利用网络和多媒体技术构建信息丰富的，反思性的，有利于大学生自主学习、协作学习和研究性学习的学习环境，允许大学生进行自由探索，促进他们的批判性、创造性思维的养成和发展。

四、积极发展核心素养

核心素养是一个人知识、技能、情感、态度、价值观等多方面的综合表现，是每个人适应个人终身发展和社会发展需要的、不可或缺的能力。2016 年 9 月 13 日，《中国学生发展核心素养》研究成果发布，提出了六大素养，具体细化为 18 个基本要点，如表 6–2 所示。

表6–2　学生发展核心素养的内容

六大素养	要　点	发展重点
人文底蕴	人文积淀	具有古今中外人文领域基础知识和成果的积累，能理解和掌握人文思想中所蕴含的认识方法与实践方法等
	人文情怀	具有以人为本的意识，尊重、维护人的尊严和价值；能关切人的生存、发展和幸福
	审美情趣	具有艺术知识、技能与方法的积累；能理解和尊重文化艺术的多样性，具有发现、感知、欣赏、评价美的意识和基本能力；具有健康的审美价值取向；具有艺术表达和创意表现的兴趣与意识，能在生活中拓展和升华美；等等
科学精神	理性思维	崇尚真知，能理解和掌握基本的科学原理与方法；尊重事实和证据，有实证意识和严谨的求知态度；逻辑清晰，能运用科学的思维方式认识事物、解决问题、指导行动；等等
	批判质疑	具有问题意识；能独立思考、独立判断；思维缜密，能多角度、辩证地分析问题，做出选择和决定；等等
	勇于探究	具有好奇心和想象力；能不畏困难，有坚持不懈的探索精神；能大胆尝试，积极寻求有效的问题解决方法；等等

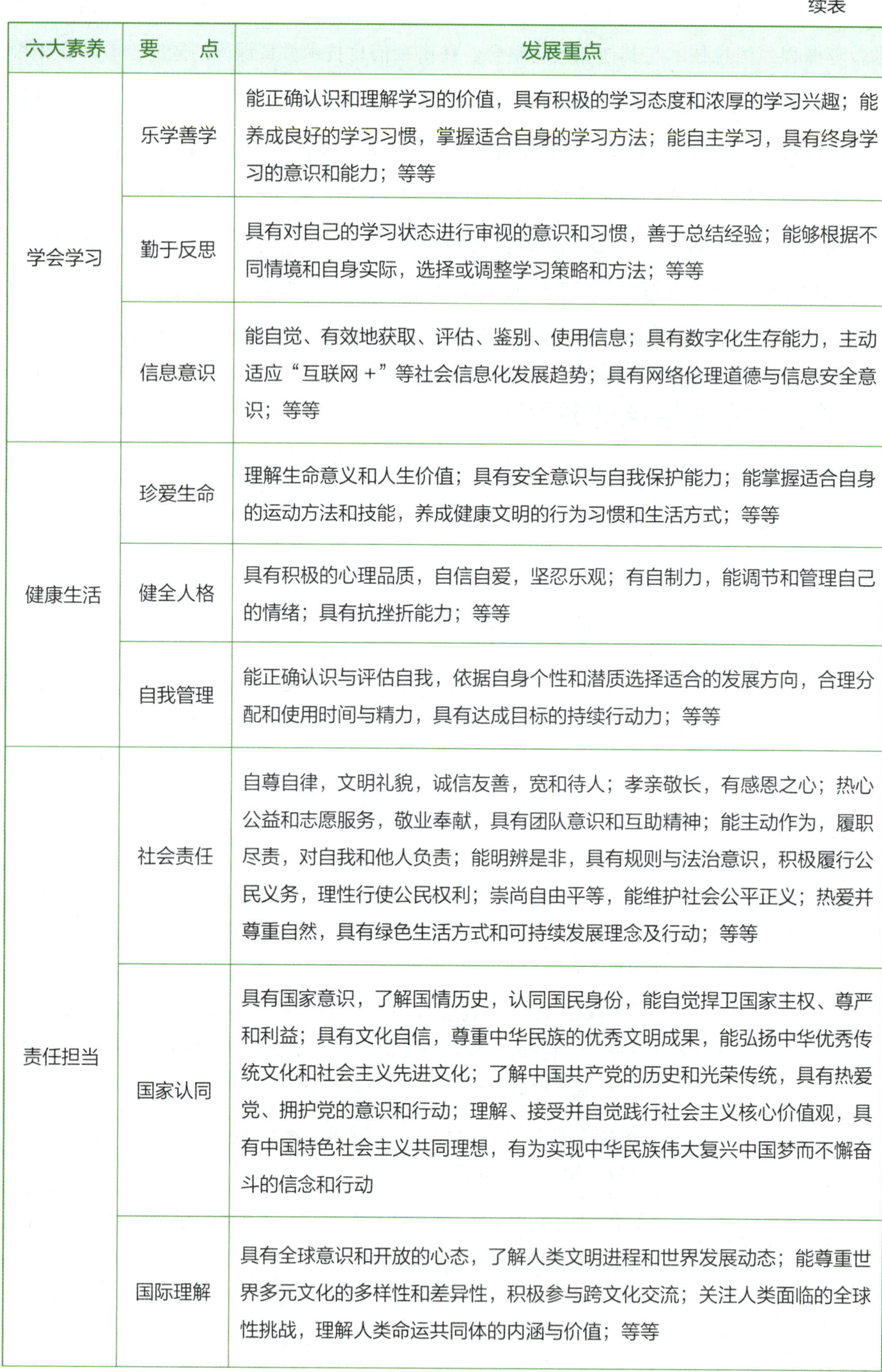

续表

六大素养	要　点	发展重点
学会学习	乐学善学	能正确认识和理解学习的价值，具有积极的学习态度和浓厚的学习兴趣；能养成良好的学习习惯，掌握适合自身的学习方法；能自主学习，具有终身学习的意识和能力；等等
	勤于反思	具有对自己的学习状态进行审视的意识和习惯，善于总结经验；能够根据不同情境和自身实际，选择或调整学习策略和方法；等等
	信息意识	能自觉、有效地获取、评估、鉴别、使用信息；具有数字化生存能力，主动适应“互联网＋”等社会信息化发展趋势；具有网络伦理道德与信息安全意识；等等
健康生活	珍爱生命	理解生命意义和人生价值；具有安全意识与自我保护能力；能掌握适合自身的运动方法和技能，养成健康文明的行为习惯和生活方式；等等
	健全人格	具有积极的心理品质，自信自爱，坚忍乐观；有自制力，能调节和管理自己的情绪；具有抗挫折能力；等等
	自我管理	能正确认识与评估自我，依据自身个性和潜质选择适合的发展方向，合理分配和使用时间与精力，具有达成目标的持续行动力；等等
责任担当	社会责任	自尊自律，文明礼貌，诚信友善，宽和待人；孝亲敬长，有感恩之心；热心公益和志愿服务，敬业奉献，具有团队意识和互助精神；能主动作为，履职尽责，对自我和他人负责；能明辨是非，具有规则与法治意识，积极履行公民义务，理性行使公民权利；崇尚自由平等，能维护社会公平正义；热爱并尊重自然，具有绿色生活方式和可持续发展理念及行动；等等
	国家认同	具有国家意识，了解国情历史，认同国民身份，能自觉捍卫国家主权、尊严和利益；具有文化自信，尊重中华民族的优秀文明成果，能弘扬中华优秀传统文化和社会主义先进文化；了解中国共产党的历史和光荣传统，具有热爱党、拥护党的意识和行动；理解、接受并自觉践行社会主义核心价值观，具有中国特色社会主义共同理想，有为实现中华民族伟大复兴中国梦而不懈奋斗的信念和行动
	国际理解	具有全球意识和开放的心态，了解人类文明进程和世界发展动态；能尊重世界多元文化的多样性和差异性，积极参与跨文化交流；关注人类面临的全球性挑战，理解人类命运共同体的内涵与价值；等等

续表

六大素养	要　点	发展重点
实践创新	劳动意识	尊重劳动，具有积极的劳动态度和良好的劳动习惯；具有动手操作能力，掌握一定的劳动技能；在主动参加的家务劳动、生产劳动、公益活动和社会实践中，具有改进和创新劳动方式、提高劳动效率的意识；具有通过诚实合法劳动创造成功生活的意识和行动；等等
	问题解决	善于发现和提出问题，有解决问题的兴趣和热情；能依据特定情境和具体条件，制订合理的解决方案；具有在复杂环境中行动的能力；等等
	技术运用	理解技术与人类文明的有机联系，具有学习掌握技术的兴趣和意愿；具有工程思维，能将创意和方案转化为有形物品或用于已有物品的改进与优化；等等

余国琮的精馏人生

余国琮，中国科学院院士，著名化工专家，天津大学教授，是中华人民共和国成立后首批归国的留美学者之一。

余国琮于1922年出生于广东省广州市，是中国现代工业精馏技术的先行者。他在精馏技术基础研究、成果转化和产业化等方面做出了系统性、开创性贡献。1947年，他被授予匹兹堡大学博士学位，应邀留在该校化工系任教。1950年8月，他突破重重阻力，毅然返回祖国。

从1952年，余国琮进入天津大学化工系工作，1991年当选为中国科学院学部委员（院士）。他提出了较完整的不稳态蒸馏理论和浓缩重水的“两塔法”，解决了重水分离的关键问题，为中华人民共和国核技术起步和“两弹一星”的突破做出了重要贡献。他致力于化工基础理论研究，提出汽液平衡组成与温度关系理论的“余－库”方程，开创了计算传质学新研究领域，引领了化工分离学科发展。他85岁还给本科生上课，90岁仍指导博士生，97岁还撰写理论书籍。他为化工领域输送了大批专业人才。

“争一口气”是他的人生信念。他常说：“我不仅要去自己争一口气，更要把‘争一口气’的精神传承下去，让更多的年轻人继续为中国‘争一口气’！”

实训活动

团队协作能力训练

为了让学生了解团队协作的必要性，体会沟通在团队协作中的作用，学校组织学生开展“团体协作能力训练”的游戏。请参考表 6-3 完成游戏并进行总结。

表6-3 游戏方案与总结

游戏规则	完成情况
（1）将学生平均分为两组	本组组员：
（2）组员在组内选择和自己身材相当的人组队，两人一队	我的队友：
（3）每组选出一队，两人背靠背站立并把腰捆在一起作为各组的守门员	守门员：□是 □否
（4）其他队都把一人的左脚脚踝与另一人的右脚绑在一起	游戏感受：
（5）两组开始足球比赛，比赛分上半场、下半场，每个半场 20 分钟，半场结束后两组交换场地。比赛中组员们必须一直绑着脚，用“三条腿”踢球，按足球规则进行比赛。下半场比赛可将每组三个组员的脚绑在一起进行比赛	
（6）比赛的开始和结束以哨声为准	
问题讨论	
（1）在踢球的过程中，你和队友动作协调、想法一致吗？	
（2）你和队友在赛前进行过战术讨论吗？	
（3）这个游戏的难点表现在哪些地方？你和队友是如何克服的？	

任务三

突破成长：自我管理

学习目标

- 掌握克服拖延症和管理时间的方法
- 了解情商的含义，掌握提升情商的方法
- 掌握挫折的主要防御机制及应对方法

情境导入

睡眠不足影响学习能力

研究显示，睡眠是健康和绩效的重要预测因素。动物研究表明，白天形成的记忆在睡眠中得到巩固，当正常的睡眠模式被中断时，白天学习的内容就会被忘记。2023年，美国《国家科学院学报》发布了一项针对3所大学的600多名大一学生开展的最新研究：大学生如果每晚睡眠不足6小时，会影响学习能力。参与研究的这些学生平均每晚睡6个半小时。每晚睡眠不足6小时的学生学习成绩下降明显。睡眠每增加1小时，期末平均成绩会略有提高。

问题与思考：

（1）你身边的同学有睡眠不足的情况吗？是普遍现象还是个别现象？

（2）导致大学生睡眠不足的原因有哪些？

（3）你如何看待“睡眠不足影响学习能力”这一观点？

自我管理注重一个人的自我教导及约束，是一个人不断进行自我认识、自我教育和自我控制，充分挖掘和利用一切可以利用的资源，发挥自己的心理潜能，使自己的职业生涯规划得以顺利实施，并最终达成职业生涯目标的过程。自我管理的内容很多，范围很广，这里重点介绍时间、情绪和挫折方面的自我管理。

一、科学利用时间

时间管理就是有意识地运用预期、评估、计划等手段，安排自己生活中的各项事务，合理、高效地支配和利用时间。时间管理既是一种能力，也是一种习惯。时间管理的原则是“预先计划，追求效率”。预先计划，能使人们对自己的时间安排有一个整体的把握；追求效率，能使人们在有限的时间内产出更多的成果。大学生学习时间管理方法，可以高效地完成大学阶段的生涯任务，为职业生涯发展打下良好的基础。

（一）主动克服拖延症

视频
拖延症的类型

拖延是人类的通性，在世界上的所有文化中都广泛存在，只不过个体之间的拖延程度不同。拖延症是指在能够预料后果不利的情况下，仍然把计划要做的事情往后推迟的一种行为。因为拖延，一些大学生总有处理不完的事情，总有完成不了的计划。

1. 拖延症产生的原因

（1）心理因素。有学者认为，拖延症是一个人个性特质的反映，受个体尽责性、特质、焦虑、懒惰、低自我效能感等个性根源影响。当缺乏信心、遇事悲观，或者面临学业就业方面的巨大压力时，个体很容易自我怀疑，认为自己不具备相应的能力，这种潜意识的怀疑容易使人畏缩不前，做事被动。此外，当出现理想的完美与现实的不完美的矛盾时，个体若不能很好地进行处理，容易导致拖延行为的产生。

（2）环境因素。进入大学，没有了老师的严格督促，没有了连续不断的考试，大学生拥有更多的时间去安排自己的生活。在这种自由的环境中，一些自控力较弱的人逐渐沉迷于娱乐、游戏中，而忽视了学业。此外，随着电子产品和娱乐设施的普及，大学生比过去面临更多的干扰，这使得一些人思维紊乱，从而失去行动的动力，也加剧了拖延症问题。

（3）生理因素。脑科学研究显示，“懒惰”是大脑的天性。面对挑战，大脑第一时间会选择较为简单的工作模式，喜欢舒适且固定化的状态，这是大脑自我保护的手段。行为学研究指出，大脑会更倾向于做出立即、马上和容易获得奖励而不是预期获得奖励的决定。对保持身材而言，美食是诱惑；对努力学习而言，网络、游戏是诱惑。当大脑需要处理相对枯燥、难度大的任务时，很容易选择拖延、逃避的简单模式加以应对。

体验探究

拖延症对个体既有外在的影响，也有内在的影响。请回顾自己在生活、学习中的状态，结合表 6–4 与同学展开探讨：哪些影响是你已经感受到的？拖延症对你还有其他影响吗？

表6–4 拖延症的影响

外在影响	内在影响
金钱上的损失	自责
丢掉很好的实习工作	尴尬或羞耻
学习成绩下降	焦虑、担忧
没有完成学业或者培训课程	无法集中精力
错失发展的良好机遇	有愧疚感
与同学发生冲突	失去享受其他活动的能力
在他人面前信誉度降低	紧张，产生身体上的疼痛
与家人、朋友关系紧张	恐慌、抑郁
发生意外或身体受伤	有兴奋感和刺激感
过度使用药物	失眠和其他睡眠问题
其他：	其他：

2. 拖延症的危害

拖延症有可能会从一开始的磨磨蹭蹭、拖拖拉拉演变成严重影响个体生活、学习、社会功能的行为。拖延症的危害一点不小，它能够无声无息地毁掉一个人的人生。2023 年 2 月，瑞典某研究团队在调查了 3 500 多名大学生后发现，拖延症会导致进度落后、个人目标无法实现，还会危害身心健康，使人心理状态不佳、作息混乱、孤独感增加等。拖延症危害的具体表现如表 6–5 所示。

表6–5 拖延症危害的具体表现

表　现	说　明
浪费宝贵的生命	人的生命有限，拖延是对宝贵生命的一种无端浪费
身心应激	当时间不够、所有的任务集中在最后期限完成时，个体会处于高度紧张状态，容易出现焦虑、失眠、胃肠功能紊乱等身心疾病
任务完成质量不佳	高度紧张的身心状态不利于高质量地完成任务
永远做不完的事情	要做的事情有很多，但随着拖延的事情越积越多，个体易产生无助、焦虑等不良情绪
不切实际的时间观念	时间管理能力弱，安排任务没有详细的时间规划，时间利用不合理

续表

表　现	说　明
缺乏明确目标	缺乏完成任务的责任心，无法区分任务的重要层级，时间分配不合理，不知道自己真正想要的是什么
无力感、挫败感	若长时间不能很好地完成任务，则会失去信心，从而贬低自己、否定自己

知识延伸

睡前拖延症

睡前拖延症是指人们以推迟睡觉时间来从事白天未能从事的活动的现象，这是一种以牺牲睡眠为代价来寻找休闲和娱乐的方式。2014 年，荷兰社会和行为科学家克罗斯（Floor M. Kroese）首次使用这一术语。睡前拖延症包含三个方面的含义：一是入睡是个体的主动推迟；二是个体缺乏一个有效的熬夜理由；三是个体能够意识到推迟睡觉时间可能会产生负面的后果，但还是这么做了。一些专家认为，电子设备及多种娱乐形式在很大程度上导致了睡前拖延症。

3. 克服拖延症的方法

（1）提前做计划，三思而后行。要坚持每天制订计划，合理分配一天中用于生活、学习、娱乐的时间。只有制订计划，才有完成任务的可能。

（2）掌握时间管理法则。在时间管理上，有一个帕累托法则，即大约 20% 的任务或活动占据了他们 80% 的时间，这意味着人们应专注于那些能够带来最大收益的重点任务，而不是过于关注琐碎的细节。因此，大学生在生活、学习中应坚持聚焦 20%，把自己的有限时间和精力聚焦在关键的任务上。

（3）从小事做起，培养成就感。具有拖延症的大学生应树立正确的认知，摒弃后悔、自责、内疚，原谅自己；先挖掘自己的内在动力，从一些小事或者优先性低的事情做起，培养成就感，再精神抖擞地完成重要的工作。

（4）学会拆解，化整为零。当执行过于庞杂、繁重的任务时，大学生可以尝试对任务进行拆解，各个击破。例如，我们计划一年读 30 本书时，可以把任务细化为每天读多少页。一个个小的任务完成后，内心的成就感会促使人们不断前进，获取更大的成就。

（5）训练专注力，避免干扰。保持专注力对学习十分重要。随着互联网及各种电子设备的普及，大学生的注意力很容易被各种“短、平、快”的事物吸引。大学生若在学习过程中不断被打搅，很容易变得烦躁，进而影响思考。缺少专注力还会使完成任务的时间延长。大学生可以尝试在学习、工作过程中尽量远离干扰源，如把手机调成静音、关闭消息弹窗推送等。

体验探究

请参考图 6-8 的方法，两人一组，互换角色进行注意力训练，并分析自己的注意力水平。

方法1：数字传真

一人任意说出几个 6 位数（难度可逐渐提高），另一人凭记忆写出听到的数字

方法2：听字训练

一人挑选一篇带“一”字较多的短文（可以从公众号中选取），另一人听到“一”字就在纸上打一个“√”，完成后查看结果

方法3：听指令做动作

一人先制作名词表，表中列出 50 个名词（表示水果、动物、植物、山水等），再从表中随机读取名词，另一人听到水果举右手，听到动物举左手，听到其他不做动作

方法4：舒尔特方格

画一张有 25 个小分格的表格，将 1 ~ 25 的数字顺序打乱，填入表格，然后用手指按 1 ~ 25 的顺序依次指出数字的位置。用时越短，表明注意力水平越高

图 6-8 注意力训练方法

（二）掌握几种管理时间的方法

1. ABC 时间管理法

ABC 时间管理法是一种先将待办的诸多事项进行重要性分析，再排出优先顺序，最后分配时间的方法。依据这个方法，人们可以将各阶段的目标分为 A、B、C 三个等级。A 级是最重要且必须完成的目标，B 级是较重要且很想完成的目标，C 级是不太重要且可以暂时搁置的目标。ABC 时间管理法的使用步骤如表 6-6 所示。

表6-6 ABC时间管理法的使用步骤

具体步骤	使用说明
列出目标	每日学习前列出日学习清单，每日工作前列出日工作清单
目标分类	对日学习清单、日工作清单等所列具体任务进行分类
排列顺序	将学习、工作任务根据重要性、紧急程度等确定 A、B、C 等级
分配时间	根据 A、B、C 的等级制订学习日程表、工作日程表，标好时间分配情况

续表

具体步骤	使用说明
实施行动	先集中精力完成 A 类目标，若效果满意，再完成 B 级目标。在条件允许的情况下，可以自己完成 C 级目标，但建议尽可能减少 C 级目标。若可以，可委托他人协助完成 C 级目标，以节省时间
及时记录	及时记录完成每个目标所花费的时间
归纳总结	任务结束后，及时评价自己的时间利用情况，总结经验，不断提高自己有效利用时间的能力

体验探究

每一分钟都有其特殊的价值。你一分钟到底能做多少事呢？两人一组，相互监督，完成图 6-9 所示的挑战，体会时间的宝贵。

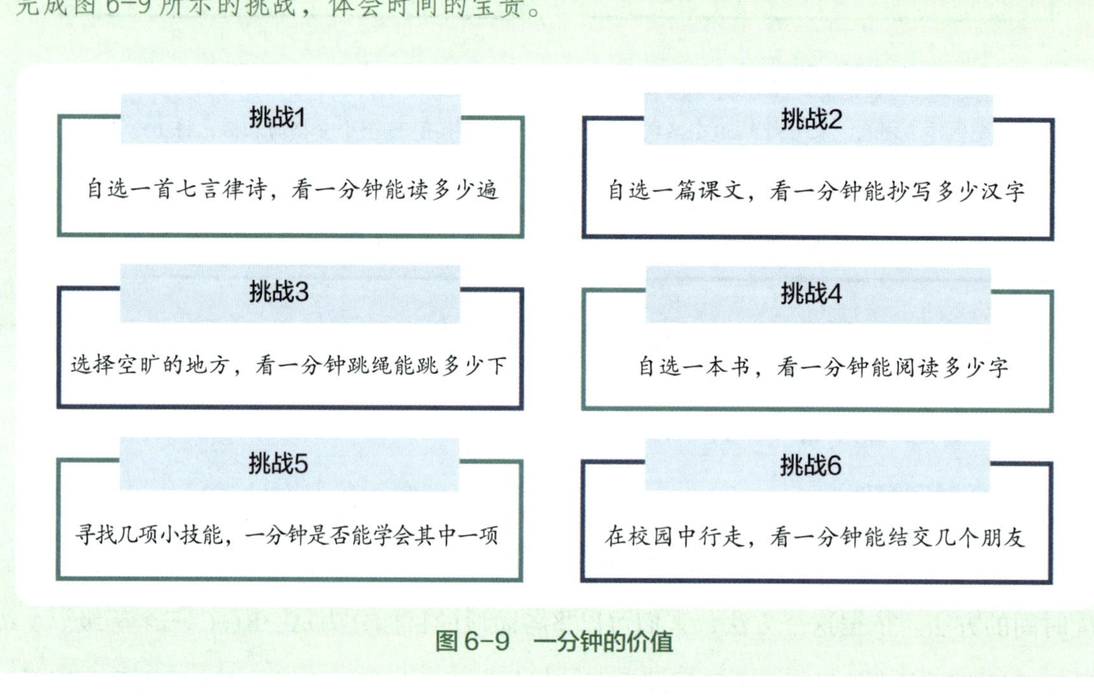

图 6-9　一分钟的价值

2. 四象限工作法

著名管理学家科维（Stephen Richards Covey）提出了一个时间管理的理论，即按照重要性和紧急性两个维度将工作分为四个象限，如图 6-10 所示。

第一象限是重要且紧急的事项。这类事项，如大学生每天的学习任务及作业等，具有时间紧迫和影响重大等特点，既无法回避也不能拖延，必须首先处理、优先解决。

第二象限是重要但不紧急的事项。这类事项，如阅读、锻炼身体等，不具备时间上的紧迫性，但对个人未来发展有重大影响，必须重点坚持完成，避免拖延。这类事情若置之不理，很可能会发展成重要且紧急的事情。

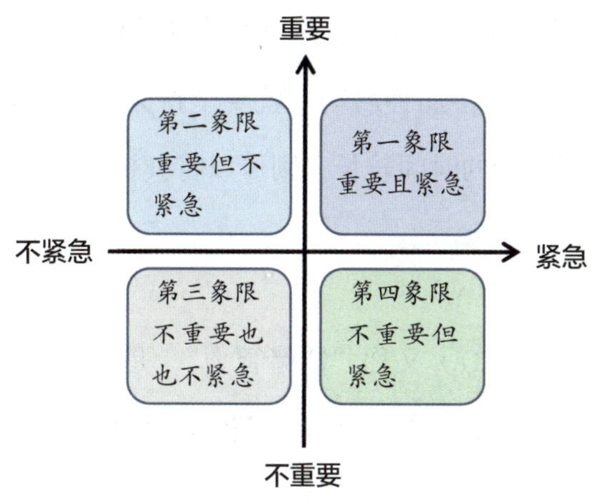

图 6-10　四象限工作法

第三象限是不重要也不紧急的事项。这类事项，如玩游戏、看电影、逛商场等，既没有时间的紧迫性也不重要，多为消磨时间的事情，应做到适当休闲不沉迷，尽量不做。

第四象限是不重要但紧急的事项。这类事项，如突来的访客、临时会议等，具有较大的欺骗性，是人们盲目忙碌的源头。处理这类事项时，不用亲力亲为，可以交给别人去做或者委婉拒绝。

3. 番茄时钟法

1992 年，意大利学者弗朗西斯科·西里洛（Francesco Cirillo）创立了番茄时钟法。这是一种简单易行的时间管理方法，不仅能够提高人们学习、工作的效率，还有助于激发人们的成就感和满足感，提高工作的积极性。

番茄时钟法是一个由 25 分钟的专注时间和 5 分钟的休息时间组成的工作循环，如图 6–11 所示。“25 分钟专注时间 +5 分钟休息时间”就是一个番茄时钟，每 4 个番茄时钟进行一次较长时间（15 ~ 30 分钟）的休息。

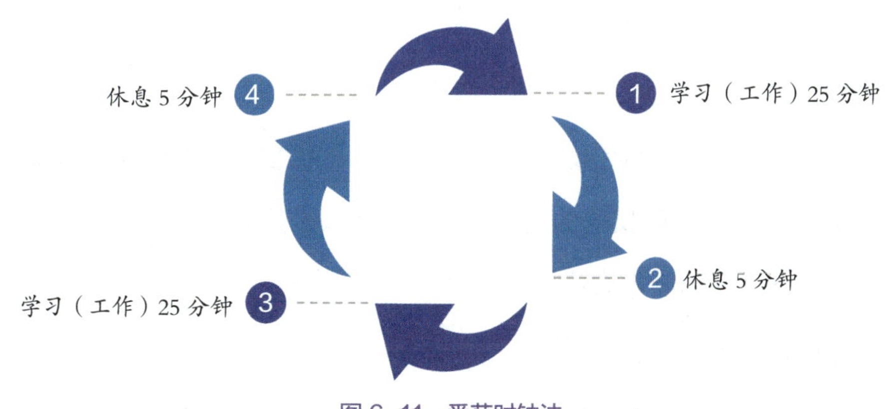

图 6–11　番茄时钟法

在运用番茄时钟法管理时间时，需要准备一个计时器和学习任务表。在设定一个 25 分钟的定时后，启动番茄钟。一旦番茄钟启动，就要坚持完成一个番茄钟，一个番茄钟只许做一件事。若完成任务需要花费的时间较长，则可以将其拆分成多个番茄钟。

二、积极提升情商

情商（Emotional Quotient，EQ）又称“情绪智力”，是一个人在情绪、情感、意志、耐受挫折等方面所表现出来的品质，也是一个人自我情绪管理以及管理他人情绪的能力指数，衡量的是一个人掌控情绪的能力。

（一）情商的内容

情商与一个人的交际和成败有很大的关系，涉及自我察觉能力、情绪管理能力、自我激励能力、冲动控制能力、人际技巧等五大方面，如图 6-12 所示。

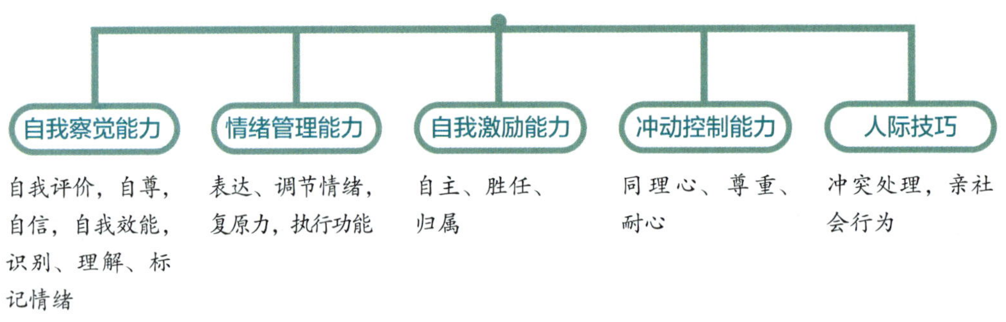

图 6-12　情商的内容

1. 自我察觉能力

自我察觉能力是指一个人正确评价自己的能力。情商高的人能及时察觉某种情绪的出现，认真审视自己的内心体验。自我察觉能力是情商的核心内容，一个人如果缺乏这种能力，就会受到情绪的摆布而无力挣脱。

2. 情绪管理能力

情绪管理能力是指一个人觉察和表达自己的情绪、感受，识别他人的情绪，并依据某一目标调控自己与他人的情绪反应的技巧和能力。例如，情商高的人在面对挫折时能够及时化解消极情绪，不让自己陷入痛苦状态。

3. 自我激励能力

自我激励能力是一个人自律的表现，是一种自我管理和自我推动的能力。具有自我激励能力的人，能够依据一定的目标不断调整心态，即便遇到挫折也会调整心态，激励自己进步，战胜困难。

4. 冲动控制能力

冲动控制能力属于抑制反应方面的能力，表现为个人在面对诱惑时，能够为了长远收益暂时控制自己的即时满足冲动。冲动控制能力强的人，能够为了长远目标抵御短期诱惑，更容易成功。缺乏耐心、需要即时满足的人容易急躁，遇到挫折更易退缩，也更容易放弃。

5. 人际技巧

良好的人际关系需要呵护。人际技巧即个人妥善处理各种内外关系的能力，实质是个人适时适度地调控自己与他人情绪反应的技巧。掌握良好的人际技巧有助于自己更好地培育与他人的和谐关系。

体验探究

假如你遇到了图 6-13 所示的几种场景，你会怎么做？最好的解决方法是什么？请与同学们一起探讨。

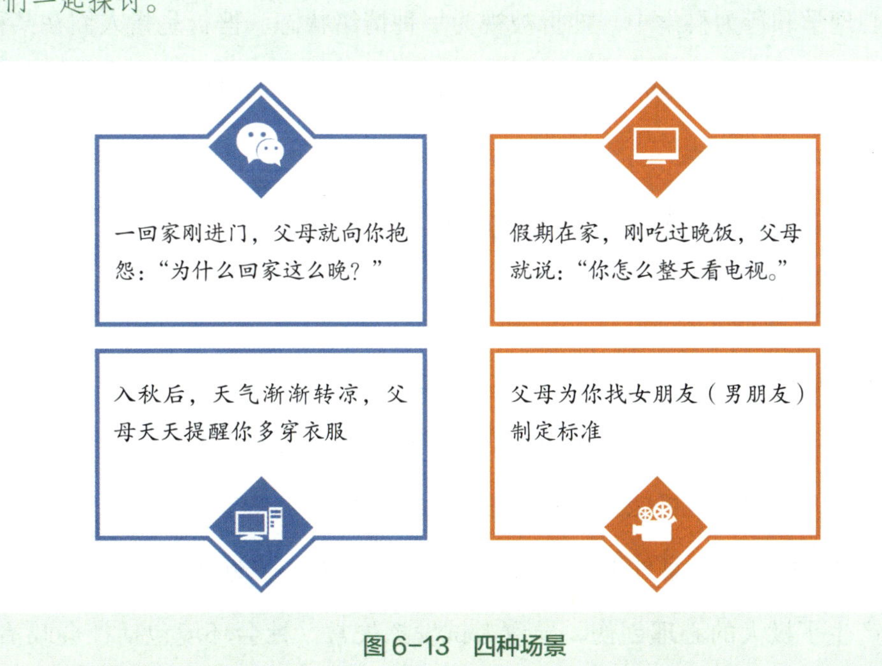

图 6-13　四种场景

（二）提升情商的方法

（1）要学会倾听。个人在与他人交往的过程中，要重视他人的感受和想法，提高自己的倾听能力。

（2）要学会反思。情商高的人遇事能够主动反思自己的情绪和行为，不断提高自己的情绪管理能力。

（3）要学会主动发展自己的各项能力。大部分能力是个人在不断学习中得来的。个人通过开展相关训练、阅读相关书籍和观察他人行为等方式，可以提高自己的交流和理解能力，提升情商。

（4）要有同理心。在人际关系中，同理心十分重要。个人只有做到站在他人的角度分析和看待问题，才能理解他人的情绪和需求。这有助于双方建立互尊、互助、互信的人际关系。

个人想要提升情商，就不能向恐惧低头，一旦以恐惧为借口躲避责任或逃避做某些事情，就会迷失自我。要相信自己，有面对失败永不言弃的勇气。不用太在意别人是否关注自己，安心做好自己的事情即可。要积极接纳新事物、新信息、新想法，紧跟时代发展。

三、增强抗挫折能力

在社会心理学和行为科学中，挫折被视为一种情绪状态。挫折是指人们在某种动机的推动下，在为实现目标而采取行动遭到无法逾越的障碍或干扰时所产生的一种紧张状态和情绪反应。

（一）挫折的构成因素及产生原因

1. 挫折的构成因素

挫折的构成因素包含挫折情境、挫折认知和挫折反应。

（1）挫折情境。挫折情境是使人们不能实现目标、不能满足需要的影响因素，这种影响因素既可能是人或物，也可能是自然事件或社会环境。自然事件包括人们无法预料、克服、消灭的一些自然灾害、意外事故、伤残疾病等。例如，临近高考时，个人因家庭变故或身体原因产生了极大的心理创伤，导致考试发挥失常。社会环境包括社会政治、经济、军事、宗教、风俗习惯、道德观念等，如南北差异、生活习惯导致宿舍出现矛盾。

（2）挫折认知。挫折认知是指人们对挫折情境的知觉、认识和评价。挫折认知既可以是对实际遭遇的挫折情境的认知，也可以是对想象中可能出现的挫折情境的认知。

（3）挫折反应。挫折反应是指人们受到挫折情境影响后，在对挫折认识和评价的基础上产生的紧张、焦虑、愤怒等消极情绪体验或攻击、退缩、逃避等行为反应。一般来说，挫折情境越严重，挫折反应越强烈；反之，挫折反应越轻微。

但是，只有在挫折情境被个体所感知时，个体才会在心理上产生挫折反应。如果挫折情境出现了，而个体没有意识到或者虽然意识到了但并不认为其很严重，那么个体也不会产生挫折反应或者只产生轻微的挫折反应。因此，挫折反应的性质、程度主要取决于个体对挫折情境的认知。

挫折反应和感受是形成挫折的重要方面，个体受挫与否是通过当事人对自己的动机、目标与结果之间关系的认识、评价和感受确定的。对自己构成挫折的情境和事件，对他人不一定构成挫折，这就是个体感受的差异。

2. 挫折产生的原因

在当今社会，挫折情境日益增多，人们产生各类挫折感的概率也大大提高。产生挫折的原因主要有外部事件、动机冲突和个人特点。

（1）外部事件。外部事件作为引发挫折的诱因（外因），主要指导致人们动机或目标不能实现的各种外部因素，包括自然因素和社会因素。自然因素是指个人能力无法克服的自然力量，如地震、山洪、火山等。社会因素是指个人在社会中所面临的政治、经济、文化、风俗等方面的限制。

（2）动机冲突。挫折的产生与人们的需要、动机强度密切相关。在日常生活中，人们经常会同时产生两个或两个以上的动机，如果这些动机无法同时得到满足或相互对立，人们就会产生强烈的动机冲突。

（3）个人特点。一个人的生理特征、心理特征、人格特点、社会经验及应对压力的能力也是其是否容易产生挫折感的重要因素。一般来说，对挫折的承受力是个体在适应后天环境的过程中习得的，这在一定程度上反映了挫折承受力的个体差异。

体验探究

每个人在成长历程中难免会遇到一些挫折。请回顾一下自己的经历，找出自己遭遇的最大挫折，回忆自己当时的想法和做法，完成表 6-7 的填写。

表6-7　最大的挫折

问　题	内　容
自己遭遇的最大挫折	
自己当时的想法	
自己当时的做法	
挫折的类型	
挫折产生的原因	
解决挫折的办法	
自己的优势	
最终选择的解决方案	

（二）了解挫折的防御机制

面对挫折时，人们的反应各不相同，有的人表现不明显，有的人情绪稍显强烈，有的人行为偏激，有的人积极应对。造成这种差异的原因之一在于起作用的挫折防御机制不同。

挫折的防御机制是指个体在遭遇挫折时，心理活动中具有的自觉或不自觉地解脱烦恼、减轻内心不安以恢复心理平衡与稳定的一种适应性倾向。依据行为性质，挫折的防御机制可以分为代偿性防御机制、建设性防御机制、攻击性防御机制、自骗性防御机制、逃避性防御机制等。

1. 代偿性防御机制

代偿性防御机制是指个体用另一事物来代替自己的某些缺陷，以减轻痛苦。

（1）幻想。当无法解决现实的困难或者无法忍受某些情绪困扰时，个体会暂时将自身置于幻想世界，寻求内心的平衡，体验在现实生活中无法经历的满足。

（2）补偿。补偿是指个体在因自身原因无法达成某种目标时，选择采取其他方式来加以弥补，以减轻自卑感、不安全感。“失之东隅，收之桑榆”就是典型的例子。

2. 建设性防御机制

建设性防御机制是一种积极的心理防御机制，是个体努力向好的方面去做补偿。

（1）认同。认同是指个体在现实生活中无法获得成功时，将自己比拟为某一成功者，以此减轻挫折产生的痛苦；或者迎合比自己地位或成就高的人，按照他们的希望去支配自己的思想、行动，以消除挫折及其带来的焦虑。

（2）升华。升华是指个体将受挫后的压抑情绪向符合社会规范的、具有建设性意义的方向（如艺术创作等）抒发的心理反应。司马迁受辱后以文学创作的形式抒发内心的情感就是典型的例子。

（3）幽默。幽默是一种积极、成熟的挫折防御机制，是个体在面临挫折时，在不伤害他人的前提下，以自嘲方式摆脱窘境。能够自嘲的人通常具有较高的情商和自我认知能力，能够让他人更加欣赏和尊重自己。

3. 攻击性防御机制

攻击性防御机制是一种消极的心理防御机制，是指个体产生不愉快时，因无法向对象直接发泄而直接或间接攻击其他对象，或者把自己的错误转嫁到别人身上，并评判他人的对错。

（1）转移。转移是指个体将自己对某个对象的情感、欲望或态度转移到另一较为安全的对象上，以此减轻自己心理上的焦虑。心理学上著名的踢猫效应就是典型的例子。

（2）投射。投射是指个体将自身具有的某些特征赋予其他人或物，认为自己具有某种特性，他人也一定会有与自己相同的特性。“以己之心，度人之腹”就是典型的例子。

4. 自骗性防御机制

自骗性防御机制是一种消极的行为反应机制，含有自欺欺人的成分。

（1）反向行为。反向行为是一种压抑过程，是指个体对内心难以接受的或不愉快的观念、情感、欲望、冲动夸张地以相反的外在态度或行为表现出来。例如，某男生暗恋某女生时，会故意表现出对这位女生的冷淡态度，或者通过冷嘲热讽来减轻自己的焦虑。

（2）隔离。隔离是指个体将一些不愉快的事实、情景或情感分隔于意识之外，不让自己意识到，以免引起不愉快或焦虑。其中，最常被隔离的是与事实相关的个人感觉部分。

（3）合理化。合理化是指个体无意识地用似乎合理的解释为难以接受的情感、行为或

动机等进行辩护，以使自己心理平衡。心理学上著名的酸葡萄心理、甜柠檬心理就是典型的例子。

5. 逃避性防御机制

逃避性防御机制是一种消极的防御机制，以逃避、消极应对等方法来减轻自己在遇到挫折或冲突时感受到的痛苦，主要表现为压抑、否认、退化等。

（1）压抑。压抑是基本的各种防御机制之一，是个体不自觉地选择性遗忘和主动抑制。一个人会无意识地将令自己感到痛苦的思想、感情、意向或经历抑制到潜意识中去，主动遗忘，但被压抑的痛苦经历并没有消失，它常常会不自觉地对人们的心理和行为产生影响。

（2）否认。否认是一种比较原始、简单的防御机制，即不承认那些不愉快的现实或事实，将其当作根本没发生，以获取心理上的安慰和平衡。

（3）退化。退化是指个体在遭受挫折后，表现出与自身年龄、身份很不相称的幼稚行为，如号啕大哭、耍赖、任性、做事没有主见、蒙头大睡等。退化是一种由成熟向幼稚倒退的反常现象，是个体在压力之下的一种无意识行为。

体验探究

“贫贱忧戚，庸玉汝于成也”出自《西铭》(宋代张载著)，后演化为“艰难困苦，玉汝于成”。其大致可以理解为：贫穷、低贱、忧伤、灾难等艰苦的外部条件往往可以像打磨玉石一样磨砺人的意志，使之终有所成。请列举几个典型的事例填在图 6-14 中，说一说这些主人公都是如何克服困难获得成功的。

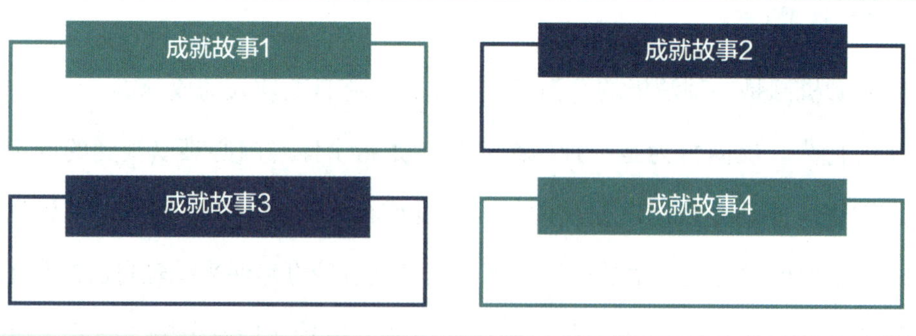

图 6-14　成就故事列举

（三）积极培养抗挫力

抗挫力又称“心理弹性能力”，是人们面对逆境的处理应对能力。面对挫折，抗挫力的高低反映了个人心理素质和健康水平。抗挫力强的人更能直面挫折。强大的抗挫力不是天生就有的，是后天慢慢培养起来的，没有人可以一蹴而就。

1. 合理的宣泄

大学生在遇到挫折时，应积极寻找合理的宣泄方式，以不伤害他人、合乎社会规范为原则，尽快恢复心理平衡。宣泄的方式有多种，如找朋友倾诉、寻求心理咨询等。

2. 转移注意力

转移注意力是一种有效应对挫折的策略。例如，参加体育活动、看场电影、去图书馆看书、旅行等可以有效转移注意力。

3. 转换角度看问题

挫折普遍存在于每个人的生活中，无法避免。只有认识到这一点，大学生才能在遇到挫折时冷静面对、认真分析、正确应对、保持心理上的平衡，而不是一味抱怨社会的不公和命运的坎坷。当挫折成为事实时，沮丧、痛苦都于事无补，此时转换看问题的角度可能会使自己重新找到信心，让自己从挫折的阴影中走出来。

4. 培养坚强的意志力

意志力是指人们自觉地确定目标，并根据目标来支配、调节自己的行动，克服困难，实现目标的品质，其包括自觉性、果断性、坚忍性和自制力四个方面。

（1）培养自觉性。自觉性是指个体在行动中应具有明确的目标，能够自觉根据客观规律去行动，从而实现预期目标。具有自觉性的人往往积极主动和乐观自信，具有高度的社会责任感和义务感。

（2）培养果断性。个体在意志行动过程中遇到意外情况时，应在深思熟虑后做出判断，并迅速做出正确的决策，使意志行动得以顺利进行。这就是说，个体应在深思熟虑的基础上迅速决断。具有果断性品质的人往往能够明辨是非、把握机遇、当机立断。

（3）培养坚忍性。个体在行动中要能持之以恒、坚持到底，在困难面前毫不畏惧，这要求个体具有充沛的精力和坚忍不拔的毅力。具有坚忍性品质的人往往具备较好的抗挫力、持久力，勇于挑战困难。

（4）培养自制力。个体要能自觉控制和协调自己的情绪、约束自己的言行，这就要求个体具备应有的忍耐性，能够排除干扰，坚决执行决定。在遇到挫折时，个体应自觉控制和调节自己的心理与行为，勇敢面对现实，找出失败的原因，调动自身潜能来应对困难，直到目标实现。

案例阅读

逆境寻光　向阳而生

病痛、贫穷、灾祸接踵而至，生活仿佛满是荆棘且一片黑暗，但万琪伟就像一团火，向黑暗里投去一束光，尽力雕琢璀璨的明天，用实际行动书写着“自强”二字。

先天性单眼弱视，整个世界是一片混沌；视力残疾四级，摔倒磕碰是生活常态；父亲患有病毒性脑膜炎，几乎花光了家里的所有积蓄。可生活的不幸丝毫没有影响到万琪伟的认真执着。他靠自己赚取学费，每天早上 8 点开始工作，直到晚上 9 点结束，一天也没有休息过；他热爱生活，积极参加羽毛球和乒乓球训练，无数次的跌倒与碰撞换来了球场上的挥洒自如；他选择土木工程专业，成绩优异，只为把家乡规划、建设得更好；在各种力学、数学竞赛中，他获得了国家级荣誉 12 项、省级荣誉 5 项，在亚太数学建模竞赛上还收获总分第五的好成绩；他一直自学网页、软件开发等计算机技术，研究生刚入学时就受邀成为腾讯云腾云先锋（Tencent Cloud Developer Pioneer，TDP）核心开发者，经常受邀参与腾讯云的线下和线上直播分享会。

万琪伟也一直用行动回报社会。他参与无偿献血 13 次，累计献血 5 200 毫升，达到全国无偿献血奉献奖铜奖标准，是名副其实的“热血青年”；参与上海真爱梦想公益基金会“去远方”志愿活动，用自己劳动的收入帮助贫困儿童探索外面的世界；参与大学生暑期“三下乡”活动，帮助乡村百姓探索致富增收的好方案。

万琪伟的求学历程诠释了贫寒学子艰苦奋斗的意义，他就像永不停歇的追光者，走向远方、拥抱太阳，一步一步改写自己的命运，也将心中的光芒投向更宽广的世界！

实训活动

探究情绪与身体的关联

在表达情绪的成语中，有许多是与我们身体相关的。例如，我们在形容一个人开心时会用“心花怒放”这个成语。你还知道哪些类似的成语？请以小组为单位，参考表 6-8 完成情绪成语的整理并进行总结。

表6-8　情绪成语卡

情　绪	表达情绪的成语	成语的含义
开心		
悲伤		
焦虑		
愤怒		
恐惧		
惊奇		

续表

活动总结 （当出现某些情绪时，你的身体会有哪些表现？）
（1）当你十分开心时，你的身体会有什么表现?
（2）当你十分紧张时，你有何感受？你会想到什么?
（3）当你十分难过时，你的身体会有哪些表现?

续表

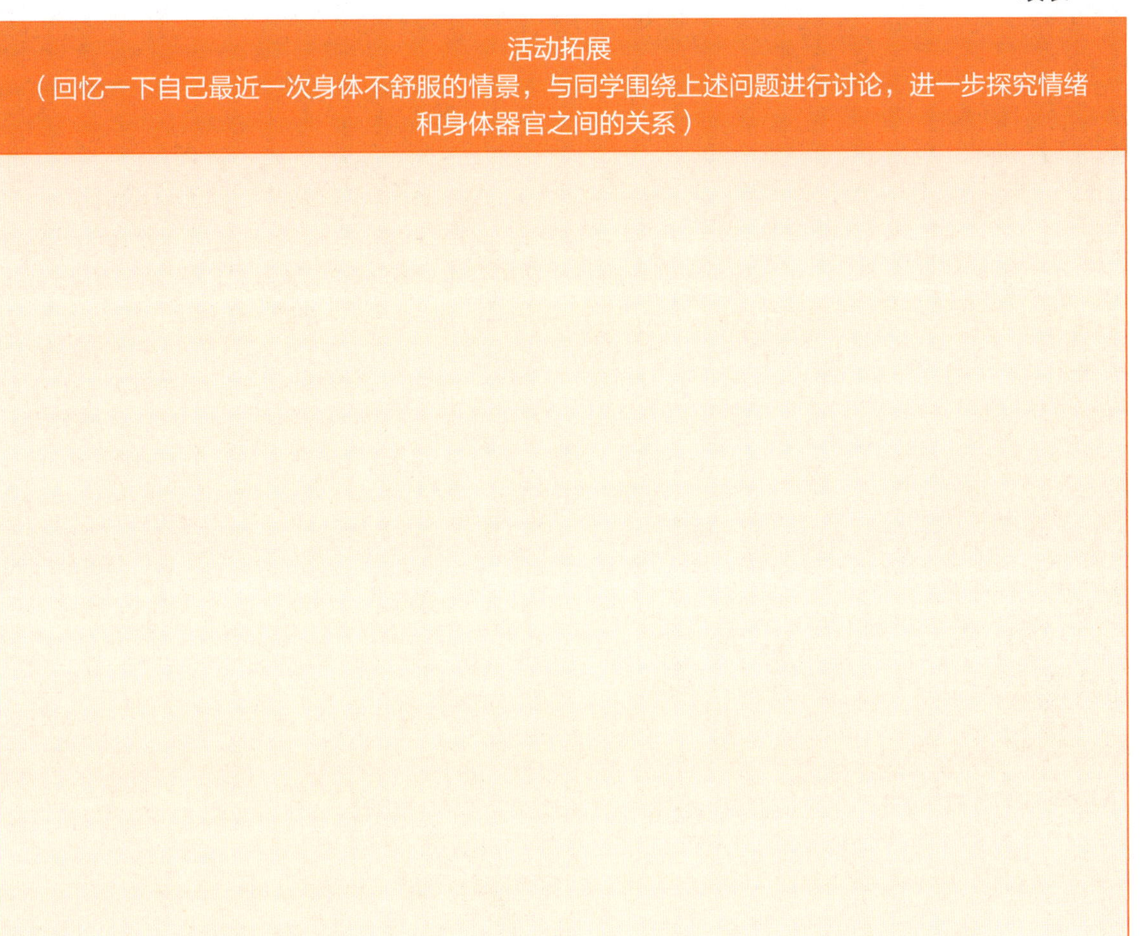

活动拓展 （回忆一下自己最近一次身体不舒服的情景，与同学围绕上述问题进行讨论，进一步探究情绪和身体器官之间的关系）

参考文献

References

[1] 徐蔚．职业生涯规划实践：微课版［M］．2版．北京：清华大学出版社，2023.

[2] 陈慧芝，朱家俊，徐蓉．大学生职业生涯规划［M］．北京：北京理工大学出版社，2023.

[3] 刘聃，汤锐华，阮春高．大学生职业规划与发展：职业规划与职业素养［M］．4版．北京：高等教育出版社，2023.

[4] 陈万思．职业生涯规划［M］．北京：高等教育出版社，2023.

[5] 赵一瑾，张杰，何芸．信息技术职业素养［M］．北京：中国铁道出版社，2023.

[6] 蒋德勤，俞浩，施培智．大学生职业生涯规划［M］．合肥：安徽大学出版社，2022.